부산시설공단
공무직 채용대비
- 제 01회 모의고사 -

영 역	의사소통 · 문제해결 · 자원관리 · 조직이해
문항수	총 50문항
비 고	객관식 4지선다형

- 문제지 및 답안지의 해당란에 문제유형, 성명, 응시번호를 정확히 기재하세요.
- 모든 기재 및 표기사항은 "컴퓨터용 흑색 수성 사인펜"만 사용합니다.
- 예비 마킹은 중복 답안으로 판독될 수 있습니다.

1. 다음 중 ㉠과 같은 의미로 쓰인 것은?

이스탄불의 성 하기아 소피아는 비잔틴 제국의 유스티니아누스 황제가 537년에 콘스탄티노플, 즉 오늘날의 이스탄불에 건립한 대성당이다.

성 소피아는 거대한 중앙부 돔은 지름이 약 32.6미터에 이르며, 돔의 높이는 약 54미터에 ㉠달한다. 돔 하단부에 40개의 창이 나 있어 햇빛이 들어오면 아래에서 볼 때에 마치 돔이 공중에 떠 있는 것처럼 보인다. 비잔틴 건축의 특징 중 하나가 겉모습보다 내부 장식을 치중하는 것인데 바로 성 소피아가 대표적인 예라고 할 수 있다. 돔의 무게를 지탱하기 위한 버팀벽은 내부에서 바라볼 땐 대리석 기둥과 모자이크로 장식된 벽면, 금빛 장식품들로 화려하게 장식되어 있다. 특히 모자이크는 건물이 모스크(이슬람교의 예배당)로 전환된 후에 모두 회칠되었지만 1935년에 박물관으로 전환하고 벽을 씻어내는 과정에서 빛을 보게 되었다.

그리스어로 "신성한 지혜의 교회"라는 의미의 하기아 소피아는 본래는 교회였으나 1453년 모스크로, 1935년에는 박물관으로 개방되어 이스탄불의 주요 관광지 중 하나가 되었다. 그러나 2020년 7월 터키 대통령 레제프 타이이프 에르도안이 하기아 소피아를 모스크로 전환하였고, 대통령 대변인은 하기아 소피아 내에 그려진 정교회 모자이크화는 예배 시간에는 가림막으로 일부 가려질 것이며, 예배 시간 외에는 온전히 공개될 것이라고 하였다. 1934년 이후 86년 만에 처음으로 이슬람교 금요 예배가 거행되었다.

① 해당 도시의 인구는 이미 수백만에 달했다.
② 2시간 만에 드디어 산 정상에 달했다.
③ 목적을 달하지 못해 아쉬울 따름이다.
④ 약속한 장소에 달했다.

2. 다음 글의 주제로 가장 적절한 것을 고른 것은?

유럽의 도시들을 여행하다 보면 여기저기서 벼룩시장이 열리는 것을 볼 수 있다. 벼룩시장에서 사람들은 낡고 오래된 물건들을 보면서 추억을 되살린다. 유럽 도시들의 독특한 분위기는 오래된 것을 쉽게 버리지 않는 이런 정신이 반영된 것이다.

영국의 옥스팜(Oxfam)이라는 시민단체는 헌옷을 수선해 파는 전문 상점을 운영해, 그 수익금으로 제3세계를 지원하고 있다. 파리 시민들에게는 유행이 따로 없다. 서로 다른 시절의 옷들을 예술적으로 배합해 자기만의 개성을 연출한다.

땀과 기억이 배어 있는 오래된 물건은 실용적 가치만으로 따질 수 없는 보편적 가치를 지닌다. 선물로 받아서 10년 이상 써 온 손때 묻은 만년필을 잃어버렸을 때 느끼는 상실감은 새 만년필을 산다고 해서 사라지지 않는다. 그것은 그 만년필이 개인의 오랜 추억을 담고 있는 증거물이자 애착의 대상이 되었기 때문이다. 그러기에 실용성과 상관없이 오래된 것은 그 자체로 아름답다.

① 서양인들의 개성은 시대를 넘나드는 예술적 가치관으로부터 표현된다.
② 실용적 가치보다 보편적인 가치를 중요시해야 한다.
③ 만년필은 선물해준 사람과의 아름다운 기억과 오랜 추억이 담긴 물건이다.
④ 오래된 물건은 실용적 가치만으로 따질 수 없는 개인의 추억과 같은 보편적 가치를 지니기에 그 자체로 아름답다.

3. 다음 글을 읽고 알 수 있는 매체와 매체 언어의 특성으로 가장 적절한 것은?

> 텔레비전 드라마는 텔레비전과 드라마에 대한 각각의 이해를 전제로 하고 보아야 한다. 즉 텔레비전이라는 매체에 대한 이해와 드라마라는 장르적 이해가 필요하다.
> 텔레비전은 다양한 장르, 양식 등이 교차하고 공존한다. 텔레비전에는 다루고 있는 내용이 매우 무거운 시사토론 프로그램부터 매우 가벼운 오락 프로그램까지 섞여서 나열되어 있다. 또한 시청률에 대한 생산자들의 강박관념까지 텔레비전 프로그램 안에 들어있다. 텔레비전 드라마의 경우도 마찬가지로 이러한 강박이 존재한다. 드라마는 광고와 여러 문화 산업에 부가가치를 창출하며 드라마의 장소는 관광지가 되어서 지방의 부가가치를 만들어내기도 한다. 이 때문에 시청률을 걱정해야 하는 불안정한 텔레비전 드라마 시장의 구조 속에서 상업적 성공을 거두기 위해 이미 높은 시청률을 기록한 드라마를 복제하게 되는 것이다. 이것은 드라마 제작자의 수익성과 시장의 불확실성을 통제하기 위한 것으로 구체적으로는 속편이나 아류작의 제작이나 유사한 장르 복제 등으로 나타난다. 이러한 복제는 텔레비전 내부에서만 일어나는 것이 아니라 문화 자본과 관련되는 모든 매체, 즉 인터넷, 영화, 인쇄 매체에서 동시적으로 나타나는 현상이기도 하다.
> 이들은 서로 역동적으로 자리바꿈을 하면서 환유적 관계를 형성한다. 이 환유에는 수용자들, 즉 시청자나 매체 소비자들의 욕망이 투사되어 있다. 수용자의 욕망이 매체나 텍스트의 환유적 고리와 만나게 되면 각각의 텍스트는 다른 텍스트나 매체와의 관련 속에서 의미화 작용을 거치게 된다.
> 이렇듯 텔레비전 드라마는 시청자의 욕망과 텔레비전 안팎의 다른 프로그램이나 텍스트와 교차하는 지점에서 생산된다. 상업성이 검증된 것의 반복적 생산으로 말미암아 텔레비전 드라마는 거의 모든 내용이 비슷해지는 동일화의 길을 걷게 된다고 볼 수 있다.

① 텔레비전과 같은 매체는 문자 언어를 읽고 쓰는 능력을 반드시 필요로 한다.
② 디지털 매체 시대에 독자는 정보의 수용자이면서 동시에 생산자가 되기도 한다.
③ 텔레비전 드라마 시청자들의 욕구는 매체의 특성을 변화시키는 경우가 많다.
④ 영상 매체에 있는 자료들이 인터넷, 영화 등과 결합하는 것은 사실상 불가능하다.

4. 다음 글의 빈칸에 들어갈 내용으로 가장 적절한 것은?

> 자본주의 경제체제는 이익을 추구하는 인간의 욕구를 최대한 보장해 주고 있다. 기업 또한 이익 추구라는 목적에서 탄생하여, 생산의 주체로서 자본주의 체제의 핵심적 역할을 수행하고 있다. 곧, 이익은 기업가로 하여금 사업을 시작하게 된 동기가 된다. 이익에는 단기적으로 실현되는 이익과 장기간에 걸쳐 지속적으로 실현되는 이익이 있다. 기업이 장기적으로 존속, 성장하기 위해서는 _____ 실제로 기업은 단기 이익의 극대화가 장기 이익의 극대화와 상충될 때에는 단기 이익을 과감하게 포기하기도 한다.

① 두 마리의 토끼를 다 잡으려는 생각으로 운영해야 한다.
② 당장의 이익보다 기업의 이미지를 생각해야 한다.
③ 단기 이익보다 장기 이익을 추구하는 것이 더 중요하다.
④ 장기 이익보다 단기 이익을 추구하는 것이 더 중요하다.

| 5 ~ 6 | 다음은 정부의 세금 부과와 관련된 설명이다. 물음에 답하시오.

정부가 어떤 재화에 세금을 부과하면 그 부담을 누가 지는가? 그 재화를 구입하는 구입자인가, 그 재화를 판매하는 공급자인가? 구입자와 공급자가 세금을 나누어 부담한다면 각각의 몫은 어떻게 결정될까? 이러한 질문들을 경제학자들은 조세의 귀착이라 한다. 앞으로 살펴보겠지만 ㉠ 단순한 수요 공급 모형을 이용하여 조세의 귀착에 관한 놀라운 결론을 도출할 수 있다.

개당 3달러로 판매하는 아이스크림에 정부가 0.5달러의 세금을 공급자에게 부과하는 경우를 보자. 세금이 구입자에게는 부과되지 않으므로 주어진 가격에서 아이스크림에 대한 수요량은 변화가 없다. 반면 공급자는 세금을 제외하고 실제로 받는 가격은 0.5달러만큼 준 2.5달러로 하락한다. 이에 따라 공급자는 시장가격이 이 금액만큼 하락한 것으로 보고 공급량을 결정할 것이다. 즉, 공급자들이 세금 부과 이전과 동일한 수량의 아이스크림을 공급하도록 하려면 세금 부담을 상쇄할 수 있도록 개당 0.5달러만큼 가격이 높아져야 한다. 따라서 [그림1]에 표시된 것처럼 공급자에게 세금이 부과되면 공급 곡선이 S1에서 S2로 이동한다. 공급곡선의 이동 결과 새로운 균형이 형성되면서 아이스크림의 균형 가격은 개당 3달러에서 3.3달러로 상승하고, 균형거래량은 100에서 90으로 감소한다. 따라서 구입자가 내는 가격은 3.3달러로 상승하지만 공급자는 세금을 제외하고 실질적으로 받는 가격은 2.8달러가 된다. 세금이 공급자에게 부과되지만 실질적으로 구입자와 공급자가 공동으로 세금을 부담하게 된다.

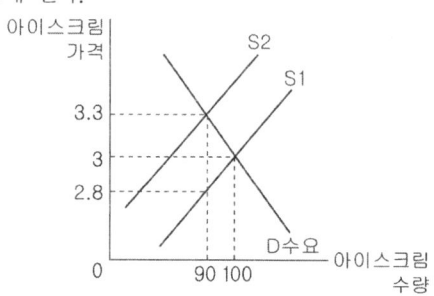

그림1 〈공급자에 대한 과세〉

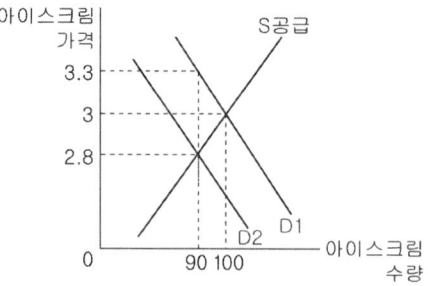

그림2 〈구입자에 대한 과세〉

이번에는 구입자에게 세금이 부과되는 경우를 보자. 구입자에게 세금이 부과되면 아이스크림의 공급 곡선은 이동하지 않는다. 반면에 구입자들은 이제 세금도 납부해야 하므로 각 가격 수준에서 구입자들의 희망 구입량은 줄어들어 수요곡선은 [그림2]처럼 D1에서 D2로 이동한다. 이에 따라 균형거래량은 100에서 90으로 감소한다. 따라서 아이스크림 공급자들이 받는 가격은 개당 3달러에서 2.8달러로 하락하고, 구입자들이 내는 가격은 세금을 포함하여 3.3달러로 상승한다. 형식적으로는 세금이 구입자에게 부과되지만 이 경우에도 구입자와 공급자가 공동으로 세금을 부담하는 것이다.

어떤 재화에 세금이 부과되면 그 재화의 구입자와 공급자들이 세금을 나누어 부담한다고 했는데, 이때 세금 부담의 몫은 어떻게 결정될까? 그것은 수요와 공급 탄력성의 상대적 크기에 달려 있다. 공급이 매우 탄력적이고 수요는 상대적으로 비탄력적인 시장에 세금이 부과되면 공급자가 받는 가격은 큰 폭으로 하락하지 않으므로 공급자의 세금 부담은 작다. 반면에 구입자들이 내는 가격은 큰 폭으로 상승하기 때문에 구입자가 세금을 대부분 부담한다. 거꾸로 공급이 상대적으로 비탄력적이고 수요는 매우 탄력적인 시장인 경우에는 구입자가 내는 가격은 큰 폭으로 상승하지 않지만, 공급자가 받는 가격은 큰 폭으로 하락한다. 따라서 공급자가 세금을 대부분 부담한다. 본질적으로 탄력성이 작다는 것은 구입자가 세금이 부과된 재화를 대체할 다른 재화를 찾기 어렵다는 뜻이고 공급의 탄력성이 작다는 것은 공급자가 세금이 부과된 재화를 대체할 재화를 생산하기 어렵다는 의미다. 재화에 세금이 부과될 때, 대체재를 찾기 어려운 쪽일수록 그 재화의 소비를 포기하기 어려우므로 더 큰 몫의 세금을 부담할 수밖에 없는 것이다.

5. 위 내용을 바탕으로 다음에 대해 분석할 때 적절하지 않은 결론을 도출한 사람은?

> △△국가는 요트와 같은 사치품은 부자들만 살 수 있으므로 이들 품목에 사치세를 부과할 정책을 계획 중이다. 그런데 요트에 대한 수요는 매우 탄력적이다. 부자들은 요트를 사는 대신에 자가용 비행기나 크루즈 여행 등에 그 돈을 쓸 수 있기 때문이다. 반면에 요트 생산자는 다른 재화의 생산 공장으로 쉽게 전환할 수 없기 때문에 요트의 공급은 비탄력적이다.

① A : 금이 부과되면 부자들의 요트 구입량은 감소하겠군.
② B : 수요와 공급 중 보다 탄력적인 쪽이 세금을 더 많이 부담하겠군.
③ C : 사치세를 부과하면 요트 공급자가 세금을 더 부담하게 되겠군.
④ D : 요트 생산자보다 부자들은 요트를 대신할 대체재를 상대적으로 찾기 쉽겠군.

6. 밑줄 친 ㉠을 통해 알 수 있는 내용으로 적절하지 않은 것은?

① 세금이 부과되면 균형 거래량은 줄어든다.
② 구입자와 공급자가 세금을 나누어 부담한다.
③ 세금으로 인해 재화 거래의 시장 규모가 줄어든다.
④ 세금을 구입자에게 부과하면 공급 곡선이 이동한다.

|7~8| 다음은 보험 제도와 관련된 설명이다. 물음에 답하시오.

보험은 같은 위험을 보유한 다수인이 위험 공동체를 형성하여 보험료를 납부하고 보험 사고가 발생하면 보험금을 지급받는 제도이다. 보험 상품을 구입한 사람은 장래의 우연한 사고로 인한 경제적 손실에 대비할 수 있다. 보험금 지급은 사고 발생이라는 우연적 조건에 따라 결정되는데, 이처럼 보험은 조건의 실현 여부에 따라 받을 수 있는 재화나 서비스가 달라지는 조건부 상품이다.

[A] ┌ 위험 공동체의 구성원이 납부하는 보험료와 지급받는 보험금은 그 위험 공동체의 사고 발생 확률을 근거로 산정된다. 특정 사고가 발생할 확률은 정확히 알 수 없지만 그동안 발생된 사고를 바탕으로 그 확률을 예측한다면 관찰 대상이 많아짐에 따라 실제 사고 발생 확률에 근접하게 된다. 본래 보험 가입의 목적은 금전적 이득을 취하는 데 있는 것이 아니라 장래의 경제적 손실을 보상받는 데 있으므로 위험 공동체의 구성원은 자신이 속한 위험 공동체의 위험에 상응하는 보험료를 납부하는 것이 공정할 것이다. 따라서 공정한 보험에서는 구성원 각자가 납부하는 보험료와 그가 지급받을 보험금에 대한 기댓값이 일치해야 하며 구성원 전체의 보험료 총액과 보험금 총액이 일치해야 한다. 이때 보험금에 대한 기댓값은 사고가 발생할 확률에 사고 발생 시 수령할 보험금을 곱한 값이다. 보험금에 대한 보험료의 비율(보험료/보험금)을 보험료율이라 하는데, 보험료율이 사고 발생 확률보다 높으면 구성원 전체의 보험료 총액이 보험금 총액보다 더 많고, 그 반대의 경우에는 구성원 전체의 보험료 총액이 보험금 총액보다 더 적게 된다. 따라서 공정한 보험에서는 보험료율과 사고 발생 확률이 같아야 한다.

물론 현실에서 보험사는 영업 활동에 소요되는 비용 등을 보험료에 반영하기 때문에 공정한 보험이 적용되기 어렵지만 기본적으로 위와 같은 원리를 바탕으로 보험료와 보험금을 산정한다. 그런데 보험 가입자들이 자신이 가진 위험의 정도에 대해 진실한 정보를 알려 주지 않는 한, 보험사는 보험 가입자 개개인이 가진 위험의 정도를 정확히 파악하여 거기에 상응하는 보험료를 책정하기 어렵다. 이러한 이유로 사고 발생 확률이 비슷하다고 예상되는 사람들로 구성된 어떤 위험 공동체에 사고 발생 확률이 더 높은 사람들이 동일한 보험료를 납부하고 진입하게 되면, 그 위험 공동체의 사고 발생 빈도가 높아져 보험사가 지급하는 보험금의 총액이 증가한다. 보험사는 이를 보전하기 위해 구성원이 납부해야 할 보험료를 인상할 수밖에 없다. 결국 자신의 위험 정도에 상응하는 보험료보다 더 높은 보험료를 납부하는 사람이 생기게 되는 것이다. 이러한 문제는 정보의 비대칭성에서 비롯되는데 보험 가입자의 위험 정도에 대한 정보는 보험 가입자가 보험사보다 더 많이 갖고 있기 때문이다. 이를 해결하기 위해 보험사는 보험 가입자의 감춰진 특성을 파악할 수 있는 수단이 필요하다.

우리 상법에 규정되어 있는 고지 의무는 이러한 수단이 법적으로 구현된 제도이다. 보험 계약은 보험 가입자의 청약과 보험사의 승낙으로 성립된다. 보험 가입자는 반드시 계약을 체결하기 전에 '중요한 사항'을 알려야 하고, 이를 사실과 다르게 진술해서는 안 된다. 여기서 '중요한 사항'은 보험사가 보험 가입자의 청약에 대한 승낙을 결정하거나 차등적인 보험료를 책정하는 근거가 된다. 따라서 고지 의무는 결과적으로 다수의 사람들이 자신의 위험 정도에 상응하는 보험료보다 더 높은 보험료를 납부해야 하거나, 이를 이유로 아예 보험에 가입할 동기를 상실하게 되는 것을 방지한다.

보험 계약 체결 전 보험 가입자가 고의나 중대한 과실로 '중요한 사항'을 보험사에 알리지 않거나 사실과 다르게 알리면 고지 의무를 위반하게 된다. 이러한 경우에 우리 상법은 보험사에 계약 해지권을 부여한다. 보험사는 보험 사고가 발생하기 이전이나 이후에 상관없이 고지 의무 위반을 이유로 계약을 해지할 수 있고, 해지권 행사는 보험사의 일방적인 의사 표시로 가능하다. 해지를 하면 보험사는 보험금을 지급할 책임이 없게 되며, 이미 보험금을 지급했다면 그에 대한 반환을 청구할 수 있다. 일반적으로 법에서 의무를 위반하게 되면 위반한 자에게 그 의무를 이행하도록 강제하거나 손해 배상을 청구할 수 있는 것과 달리, 보험 가입자가 고지 의무를 위반했을 때에는 보험사가 해지권만 행사할 수 있다. 그런데 보험사의 계약 해지권이 제한되는 경우도 있다. 계약 당시에 보험사가 고지 의무 위반에 대한 사실을 알았거나 중대한 과실로 인해 알지 못한 경우에는 보험 가입자가 고지 의무를 위반했어도 보험사의 해지권은 배제된다. 이는 보험 가입자의 잘못보다 보험사의 잘못에 더 책임을 둔 것이라 할 수 있다. 또 보험사가 해지권을 행사할 수 있는 기간에도 일정한 제한을 두고 있는데, 이는 양자의 법률관계를 신속히 확정함으로써 보험 가입자가 불안정한 법적 상태에 장기간 놓여 있는 것을 방지하려는 것이다. 그러나 고지해야 할 '중요한 사항' 중 고지 의무 위반에 해당되는 사항이 보험 사고와 인과 관계가 없을 때에는 보험사는 보험금을 지급할 책임이 있다. 그렇지만 이때에도 해지권은 행사할 수 있다.

보험에서 고지 의무는 보험에 가입하려는 사람의 특성을 검증함으로써 다른 가입자에게 보험료가 부당하게 전가되는 것을 막는 기능을 한다. 이로써 사고의 위험에 따른 경제적 손실에 대비하고자 하는 보험 본연의 목적이 달성될 수 있다.

7. [A]를 바탕으로 다음의 상황을 이해한 내용으로 적절한 것은?

> 사고 발생 확률이 각각 0.1과 0.2로 고정되어 있는 위험 공동체 A와 B가 있다고 가정한다. A와 B에 모두 공정한 보험이 항상 적용된다고 할 때, 각 구성원이 납부할 보험료와 사고 발생 시 지급받을 보험금을 산정하려고 한다.
> 단, 동일한 위험 공동체의 구성원끼리는 납부하는 보험료가 같고, 지급받는 보험금이 같다. 보험료는 한꺼번에 모두 납부한다.

① A에서 보험료를 두 배로 높이면 보험금은 두 배가 되지만 보험금에 대한 기댓값은 변하지 않는다.
② B에서 보험금을 두 배로 높이면 보험료는 변하지 않지만 보험금에 대한 기댓값은 두 배가 된다.
③ A에 적용되는 보험료율과 B에 적용되는 보험료율은 서로 같다.
④ A와 B에서의 보험료가 서로 같다면 A와 B에서의 보험금에 대한 기댓값은 서로 같다.

8. 위 설명을 바탕으로 다음의 사례를 검토한 내용으로 가장 적절한 것은?

> 보험사 A는 보험 가입자 B에게 보험 사고로 인한 보험금을 지급한 후, B가 중요한 사항을 고지하지 않았다는 사실을 뒤늦게 알고 해지권을 행사할 수 있는 기간 내에 보험금 반환을 청구했다.

① 계약 체결 당시 A에게 중대한 과실이 있었다면 A는 계약을 해지할 수 없으나 보험금은 돌려받을 수 있다.
② 계약 체결 당시 A에게 중대한 과실이 없다 하더라도 A는 보험금을 이미 지급했으므로 계약을 해지할 수 없다.
③ 계약 체결 당시 A에게 중대한 과실이 있고 B 또한 중대한 과실로 고지 의무를 위반했다면 A는 보험금을 돌려받을 수 있다.
④ B가 고지하지 않은 중요한 사항이 보험 사고와 인과 관계가 없다면 A는 보험금을 돌려받을 수 없다.

9. 다음에 제시된 문장 ㈎ ~ ㈑의 빈칸 어디에도 사용될 수 없는 단어는 어느 것인가?

> ㈎ 우리나라의 사회보장 체계는 사회적 위험을 보험의 방식으로 (　　)함으로써 국민의 건강과 소득을 보장하는 사회보험이다.
> ㈏ 노인장기요양보험은 고령이나 노인성질병 등으로 인하여 6개월 이상 동안 혼자서 일상생활을 (　　)하기 어려운 노인 등에게 신체활동 또는 가사지원 등의 장기요양급여를 사회적 연대원리에 의해 제공하는 사회보험 제도이다.
> ㈐ 사회보험 통합징수란 2011년 1월부터 국민건강보험공단, 국민연금공단, 근로복지공단에서 각각 (　　)하였던 건강보험, 국민연금, 고용보험, 산재보험의 업무 중 유사·중복성이 높은 보험료 징수업무(고지, 수납, 체납)를 국민건강보험공단이 통합하여 운영하는 제도이다.
> ㈑ 우리나라 장기요양제도의 발전방안을 모색하고 급속한 고령화에 능동적으로 (　　)할 수 있는 능력을 배양하며, 장기요양분야 전문가들로 구성된 인적 네트워크 형성 지원을 목적으로 한 사례발표와 토론형식의 참여형 역량강화 프로그램이다.
> ㈒ 고령 사회에 (　　)해 제도가 맞닥뜨린 문제점을 정확히 인식하고 개선방안을 모색하는 것이 고령사회 심화 속 제도의 지속가능성을 위해 필요하다는 점이 반영된 것으로 보인다.

① 완수　　② 대비
③ 수행　　④ 대처

10. 중의적 표현에 대한 다음 설명을 참고할 때, 구조적 중의성의 사례가 아닌 것은?

중의적 표현(중의성)이란 하나의 표현이 두 가지 이상의 의미로 해석되는 표현을 일컫는다. 그 특징은 해학이나 풍자 등에 활용되며, 의미의 다양성으로 문학 작품의 예술성을 높이는 데 기여한다. 하지만 의미 해석의 혼동으로 인해 원활한 의사소통에 방해를 줄 수도 있다.

이러한 중의성은 어휘적 중의성과 구조적 중의성으로 크게 구분할 수 있다. 어휘적 중의성은 다시 세 가지 부류로 나누는데 첫째, 다의어에 의한 중의성이다. 다의어는 의미를 복합적으로 가지고 있는데, 기본 의미를 가지고 있는 동시에 파생적 의미도 가지고 있어서 그 어휘의 기본적 의미가 내포되어 있는 상태에서 다른 의미로도 쓸 수 있다. 둘째, 어휘적 중의성으로 동음어에 의한 중의적 표현이 있다. 동음어에 의한 중의적 표현은 순수한 동음어에 의한 중의적 표현과 연음으로 인한 동음이의어 현상이 있다. 셋째, 동사의 상적 속성에 의한 중의성이 있다.

구조적 중의성은 문장의 구조 특성으로 인해 중의성이 일어나는 것을 말하는데, 이러한 중의성은 수식 관계, 주어의 범위, 서술어와 호응하는 논항의 범위, 수량사의 지배범위, 부정문의 지배범주 등에 의해 일어난다.

① 나이 많은 길동이와 을순이가 결혼을 한다.
② 그 녀석은 나와 아버지를 만났다.
③ 영희는 친구들을 기다리며 장갑을 끼고 있었다.
④ 그녀가 보고 싶은 친구들이 참 많다.

11. 다음을 읽고 ㉠과 ㉡에 들어갈 접속사로 적절한 것을 고르면?

조선 시대 우리의 전통적인 전술은 흔히 장병(長兵)이라고 불리는 것이었다. 장병은 기병(騎兵)과 보병(步兵)이 모두 궁시(弓矢)나 화기(火器)같은 장거리 무기를 주무기로 삼아 원격전(遠隔戰)에서 적을 제압하는 것이 특징이었다. 이에 반해 일본의 전술을 창과 검을 주무기로 삼아 근접전(近接戰)에 치중하였기 때문에 단병(短兵)이라고 일컬어졌다. 이러한 전술상의 차이로 인해 임진왜란 이전에는 조선의 전력(戰力)이 일본의 전력을 압도하는 형세였다. 조선의 화기 기술은 고려 말 왜구를 효과적으로 격퇴하는 방도로 수용된 이래 발전을 거듭했지만, 단병에 주력하였던 일본은 화기 기술을 습득하지 못하고 있었다.

(㉠) 이러한 전력상의 우열관계는 임진왜란 직전 일본이 네덜란드 상인들로부터 조총을 구입함으로써 역전되고 말았다. 일본의 새로운 장병 무기가 된 조총은 조선의 궁시나 화기보다도 사거리나 정확도 등에서 훨씬 우세하였다. 조총은 단지 조선의 장병 무기류를 압도하는 데 그치지 않고 일본이 본래 가지고 있던 단병 전술의 장점을 십분 발휘하게 하였다.

조선이 임진왜란 때 육전(陸戰)에서 참패를 거듭한 것은 정치·사회 전반의 문제가 일차적 원인이겠지만, 이러한 전술상의 문제에도 전혀 까닭이 없지 않았던 것이다. 그러나 일본은 근접전이 불리한 해전(海戰)에서 조총의 화력을 압도하는 대형 화기의 위력에 눌려 끝까지 열세를 만회하지 못했다.

일본은 화약무기 사용의 전통이 길지 않았기 때문에 해전에서도 조총만을 사용하였다. (㉡) 화기 사용의 전통이 오래된 조선의 경우 비록 육전에서는 소형화기가 조총의 성능을 압도하였다. 해전에서 조선 수군이 거둔 승리는 이순신의 탁월한 지휘력에도 힘입은 바 컸지만, 이러한 장병 전술의 우위가 승리의 기본적인 토대가 되었던 것이다.

	㉠	㉡
①	그러나	반면
②	하지만	요컨대
③	그런데	그리고
④	하물며	또한

12. 조직문화는 흔히 관계지향 문화, 혁신지향 문화, 위계지향 문화, 과업지향 문화의 네 가지로 분류된다. 다음 글에서 제시된 ㈎~㈐와 같은 특징 중 과업지향 문화에 해당하는 것은 어느 것인가?

> ㈎ A팀은 무엇보다 엄격한 통제를 통한 결속과 안정성을 추구하는 분위기이다. 분명한 명령계통으로 조직의 통합을 이루는 일을 제일의 가치로 삼는다.
> ㈏ B팀은 업무 수행의 효율성을 강조하며 목표 달성과 생산성 향상을 위해 전 조직원이 산출물 극대화를 위해 노력하는 문화가 조성되어 있다.
> ㈐ C팀은 자율성과 개인의 책임을 강조한다. 고유 업무 뿐 아니라 근태, 잔업, 퇴근 후 시간활용 등에 있어서도 정해진 흐름을 배제하고 개인의 자율과 그에 따른 책임을 강조한다.
> ㈑ D팀은 직원들 간의 응집력과 사기 진작을 위한 방안을 모색 중이다. 인적자원의 가치를 개발하기 위해 직원들 간의 관계에 초점을 둔 조직문화가 D팀의 특징이다.

① ㈎
② ㈏
③ ㈐
④ ㈑

13. 다음 명제가 참일 때, 항상 참인 것을 고르시오.

> ㉠ 6명의 팀원은 원탁에 앉아있다.
> ㉡ 원탁은 6명까지 앉을 수 있다.
> ㉢ 준서는 미영이의 바로 왼쪽에 앉아있다.
> ㉣ 명수는 진영이 바로 오른쪽에 앉아있다.
> ㉤ 정희는 성우의 맞은편에 앉아있다.

① 미영이는 진영이와 마주보고 있다.
② 진영이는 준서와 마주보고 있다.
③ 정희의 바로 옆에는 명수가 올 수 없다.
④ 성우의 바로 옆에는 준서가 올 수 없다.

14. 甲, 乙, 丙 세 사람이 다음과 같이 대화를 하고 있다. 세 사람 중 오직 한 사람만 사실을 말하고 있고 나머지 두 명은 거짓말을 하고 있다면, 甲이 먹은 사탕은 모두 몇 개인가?

> 甲: 나는 사탕을 먹었어.
> 乙: 甲은 사탕을 5개보다 더 많이 먹었어.
> 丙: 아니야, 甲은 사탕을 5개보다는 적게 먹었어.

① 0개
② 5개 미만
③ 5개
④ 5개 이상

15. 다음 글을 통해 알 수 있는 내용이 아닌 것은?

> 많은 학자들이 뇌의 신비를 밝히기 위해 노력해 왔지만 뇌는 좀처럼 자신의 온전한 모습을 드러내지 않고 있다. 인간의 뇌가 외부에서 받아들인 기억 정보를 어떻게, 어디에 저장하는지 알아낸다면 뇌의 비밀에 좀 더 가깝게 다가설 수 있지 않을까?
> 기억 정보가 뇌에 저장되는 방식에 대해서는 최근 많은 학설이 나왔지만, 그 중 뉴런(신경세포) 간 연결 구조인 시냅스의 물리·화학적 변화에 의해 이루어진다는 학설이 가장 설득력을 얻고 있다. 인간의 뇌에는 약 1천억 개의 뉴런이 존재하는데 뉴런 1개당 수천 개의 시냅스를 형성한다. 시냅스는 신호를 발생시키는 시냅스 전 뉴런과 신호를 받아들이는 시냅스 후 뉴런, 그리고 두 뉴런 사이의 좁은 간격, 20~50 나노미터 정도 벌어진 시냅스 틈으로 구성된다. 시냅스 전 뉴런에서 전기가 발생하면 그 밑단에서 시냅스 틈으로 신경전달물질이 분비되고, 이 물질은 시냅스 후 뉴런의 수용체 - 신호를 받아들이는 물질 - 를 자극해 전기를 발생시킨다. 뇌가 작동하는 것은 시냅스로 이뤄진 신경망을 통해 이렇게 신호가 전달되어 정보 처리가 이루어지기 때문이다.
> 뇌가 받아들인 기억 정보는 그 유형에 따라 각각 다른 장소에 저장된다. 우리가 기억하는 것들은 크게 서술 정보와 비서술 정보로 나뉜다. 서술 정보란 학교 공부, 영화 줄거리, 장소나 위치, 사람 얼굴처럼 말로 표현할 수 있는 정보이다. 반면 비서술 정보는 몸으로 습득하는 운동 기술, 습관, 버릇, 반사적 행동 등과 같이 말로 표현할 수 없는 정보이다. 이 중에서 서술 정보를 처리하는 중요한 기능을 담당하는 것은 뇌의 내측두엽에 있는 해마로 알려져 있다. 교통사고를 당해 해마 부위가 손상된 이후 서술 기억 능력이 손상된 사람의 예가 그 사실을 뒷받침한다. 그렇지만 그는

제 01 회 모의고사

교통사고 이전의 오래된 기억을 모두 회상해냈다. 해마가 장기 기억을 저장하는 장소는 아닌 것이다.

 서술 정보가 오랫동안 저장되는 곳으로 많은 학자들은 대뇌피질을 들고 있다. 내측두엽으로 들어온 서술 정보는 해마와 그 주변 조직들에서 일시적으로 머무는 동안 쪼개져 신경정보 신호로 바뀌고 어떻게 나뉘어 저장될 것인지가 결정된다. 내측두엽은 대뇌피질의 광범위한 영역과 신경망을 통해 연결되어 이런 기억 정보를 대뇌피질의 여러 부위로 전달한다. 다음 단계에서는 기억과 관련된 유전자가 발현되어 단백질이 만들어지면서 기억 내용이 공고해져 오랫동안 저장된 상태를 유지한다.

 그러면 비서술 정보는 어디에 저장될까? 운동 기술은 대뇌의 선조체나 소뇌에 저장되며, 계속적인 자극에 둔감해지는 습관화나 한 번 자극을 받은 뒤 그와 비슷한 자극에 계속 반응하는 민감화 기억은 감각이나 운동 체계를 관장하는 신경망에 저장된다고 알려져 있다. 감정이나 공포와 관련된 기업은 편도체에 저장된다.

① 비서술 정보는 자극의 횟수에 의해 기억 여부가 결정된다.
② 서술 정보와 비서술 정보는 말로 표현할 수 있느냐의 여부에 따라 구분된다.
③ 장기 기억되는 서술 정보는 대뇌피질에 분산되어 저장된다.
④ 기억 정보의 유형에 따라 저장되는 뇌 부위가 달라진다.

16. 다음 두 조직의 특성을 참고할 때, '갈등관리' 차원에서 본 두 조직에 대한 설명으로 적절하지 않은 것은?

 감사실은 늘 조용하고 직원들 간의 업무적 대화도 많지 않아 전화도 큰소리로 받기 어려운 분위기다. 다들 무언가를 열심히 하고 있지만 직원들끼리의 교류나 상호작용은 찾아보기 힘들고 왠지 활기찬 느낌은 없다. 그렇지만 직원들끼리 반목과 불화가 있는 것은 아니며, 부서장과 부서원들 간의 관계도 나쁘지 않아 큰 문제없이 맡은 바 임무를 수행해 나가기는 하지만 실적이 좋지는 않다.

 반면, 빅데이터 운영실은 하루 종일 떠들썩하다. 한쪽에선 시끄러운 전화 소리와 고객과의 마찰로 빚어진 언성이 오가며 여기저기 조직원들끼리의 대화가 끝없이 이어진다. 일부 직원은 부서장에게 꾸지람을 듣기도 하고 한쪽에서 직원들 간의 의견 충돌을 해결하느라 열띤 토론도 이어진다. 어딘가 어수선하고 집중력을 요하는 일은 수행하기 힘든 분위기처럼 느껴지지만 의외로 업무 성과는 우수한 조직이다.

① 감사실은 조직 내 갈등이나 의견 불일치 등의 문제가 거의 없어 이상적인 조직으로 평가될 수 있다.
② 빅데이터 운영실에서는 갈등이 새로운 해결책을 만들어 주는 기회를 제공한다.
③ 감사실은 갈등 수준이 낮아 의욕이 상실되기 쉽고 조직 성과가 낮아질 수 있다.
④ 빅데이터 운영실은 생동감이 넘치고 문제해결 능력이 발휘될 수 있다.

|17 ~ 18| 다음은 블루투스 이어폰을 구매하기 위하여 전자제품 매장을 찾은 K 씨가 제품 설명서를 보고 점원과 나눈 대화와 설명서 내용의 일부이다. 다음을 보고 이어지는 물음에 답하시오.

K 씨: "블루투스 이어폰을 좀 사려고 합니다."
점원: "네 고객님, 어떤 조건을 원하시나요?"
K 씨: "제 것과 친구에게 선물할 것 두 개를 사려고 하는데요. 두 개 모두 가볍고 배터리 사용시간이 좀 길었으면 합니다. 무게는 42g까지가 적당할 거 같고요, 저는 충전시간이 짧으면서도 통화시간이 긴 제품을 원해요. 선물하려는 제품은, 일주일에 한 번만 충전해도 통화시간이 16시간은 되어야 하고, 음악은 운동하면서 매일 하루 1시간씩만 들을 수 있으면 돼요. 스피커는 고감도인 게 더 낫겠죠."
점원: "그럼 고객님께는 (　)모델을, 친구 분께 드릴 선물로는 (　)모델을 추천해 드립니다."

〈제품 사양서〉

구분	무게	충전시간	통화시간	음악재생시간	스피커 감도
A모델	40.0g	2.2H	15H	17H	92db
B모델	43.5g	2.5H	12H	14H	96db
C모델	38.4g	3.0H	12H	15H	94db
D모델	42.0g	2.2H	13H	18H	85db

※ 1) A, B모델 : 통화시간 1시간 감소 시 음악재생시간 30분 증가
　 2) C, D모델 : 음악 재생시간 1시간 감소 시 통화시간 30분 증가

17. 다음 중 위 네 가지 모델에 대한 설명으로 옳은 것을 〈보기〉에서 모두 고르면?

〈보기〉
㉠ 충전시간당 통화시간이 긴 제품일수록 음악 재생시간이 길다.
㉡ 충전시간당 통화시간이 5시간 이상인 것은 A, D모델이다.
㉢ A모델은 통화에, C 모델은 음악재생에 더 많은 배터리가 사용된다.
㉣ B모델의 통화시간을 10시간으로 제한하면 음악 재생시간을 C모델과 동일하게 유지할 수 있다.

① ㉠㉡　　② ㉡㉣
③ ㉢㉣　　④ ㉠㉢

18. 다음 중 점원이 K 씨에게 추천한 빈칸의 제품이 순서대로 올바르게 짝지어진 것은 어느 것인가?

	K 씨	선물
①	C모델	A모델
②	C모델	D모델
③	A모델	C모델
④	A모델	B모델

19. 다음 표준 임대차 계약서의 일부를 보고 추론할 수 없는 내용은?

〈임대차계약서 계약조항〉
제1조[보증금]
을(乙)은 상기 표시 부동산의 임대차보증금 및 차임(월세)을 다음과 같이 지불하기로 한다.
• 보증금 : 금○○원으로 한다.
• 계약금 : 금○○원은 계약 시에 지불한다.
• 중도금 : 금○○원은 ○○○○년 ○월 ○일에 지불한다.
• 잔 금 : 금○○원은 건물명도와 동시에 지불한다.
• 차임(월세) : 금○○원은 매월 말일에 지불한다.

제4조[구조변경, 전대 등의 제한]
을(乙)은 갑(甲)의 동의 없이 상기 표시 부동산의 용도나 구조 등의 변경, 전대, 양도, 담보제공 등 임대차 목적 외에 사용할 수 없다.
제5조[계약의 해제]
을(乙)이 갑(甲)에게 중도금(중도금 약정이 없는 경우에는 잔금)을 지불하기 전까지는 본 계약을 해제할 수 있는 바, 갑(甲)이 해약할 경우에는 계약금의 2배액을 상환하며 을(乙)이 해약할 경우에는 계약금을 포기하는 것으로 한다.
제6조[원상회복의무]
을(乙)은 존속기간의 만료, 합의 해지 및 기타 해지사유가 발생하면 즉시 원상회복하여야 한다

① 중도금 약정 없이 계약이 진행될 수도 있다.
② 부동산의 용도를 변경하려면 갑(甲)의 동의가 필요하다.
③ 을(乙)은 계약금, 중도금, 보증금의 순서대로 임대보증금을 지불해야 한다.
④ 중도금 혹은 잔금을 지불하기 전까지만 계약을 해제할 수 있다.

20. 한국전자는 영업팀 6명의 직원(A ~ F)과 관리팀 4명의 직원(갑 ~ 정)이 매일 각 팀당 1명씩 총 2명이 당직 근무를 선다. 2일 날 A와 갑 직원이 당직 근무를 서고 팀별 순서(A ~ F, 갑 ~ 정)대로 돌아가며 근무를 선다면, E와 병이 함께 근무를 서는 날은 언제인가? (단, 근무를 서지 않는 날은 없다고 가정한다.)

① 10일　　② 11일
③ 12일　　④ 13일

21. 다음을 보고 옳은 것을 모두 고르면?

부산시설공단에서 문건 유출 사건이 발생하여 관련자 다섯 명을 소환하였다. 다섯 명의 이름을 편의상 갑, 을, 병, 정, 무라 부르기로 한다. 다음은 관련자들을 소환하여 조사한 결과 참으로 밝혀진 내용들이다.

제 01 회 모의고사

> ㉠ 소환된 다섯 명이 모두 가담한 것은 아니다.
> ㉡ 갑과 을은 문건 유출에 함께 가담하였거나 함께 가담하지 않았다.
> ㉢ 을이 가담했다면 병이 가담했거나 갑이 가담하지 않았다.
> ㉣ 갑이 가담하지 않았다면 정도 가담하지 않았다.
> ㉤ 정이 가담하지 않았다면 갑이 가담했고 병은 가담하지 않았다.
> ㉥ 갑이 가담하지 않았다면 무도 가담하지 않았다.
> ㉦ 무가 가담했다면 병은 가담하지 않았다.

① 가담한 사람은 갑, 을, 병 세 사람뿐이다.
② 가담하지 않은 사람은 무 한 사람뿐이다.
③ 가담한 사람은 을과 병 두 사람뿐이다.
④ 가담한 사람은 병과 정 두 사람뿐이다.

┃22 ~ 23 ┃ 다음 글을 순서대로 바르게 나열한 것은?

22.

> ㉠ 규정되지 않은 규범은 강제성이 따르지 않으므로 도덕적으로는 당연히 지켜야 하나 법적 의무는 없다. 그렇기에 법으로 규정함에 따라 도덕적인 차원에서 인간이 해야 할 일, 그리고 국가나 사회 공공질서를 유지함을 목적으로 일부 국가에서는 이를 형법으로 규정하고 있는 것이다.
> ㉡ 다른 사람의 생명이나 신체에 위험이 가해지는 것을 보면서도 구조하지 않는 경우, 처벌하는 착한 사마리아인 법은 강도를 만난 유태인을 같은 유태인 제사장과 레위인은 그냥 지나쳤으나 당시 사회적으로 멸시받던 사마리아인이 자신에게 피해가 오거나 특별한 의무가 없음에도 최소한의 도덕심으로 돌봐주었다는 이야기에서 비롯된 것이다.
> ㉢ 그러나 이를 법을 규정함으로써 강제성이 더해진다면 도덕 문제는 법적인 문제가 되고 개인의 자유까지 침해될 가능성이 크다는 주장도 적지 않다. 즉, 찬성 측이 공동체 의식을 높이고 사회적으로 연대할 수 있는 규정이라는 입장이라면 반대 측은 개인의 자유를 침해하며 법이 아닌 교육을 통한 행위여야 한다는 입장이다.
> ㉣ 프랑스 형법에 보면 "위험에 처해 있는 사람을 구조해 주어도 자기가 위험에 빠지지 않음에도 불구하고, 자의(自意)로 구조해 주지 않은 자는 5년 이하의 징역, 혹은 7만 5천유로 이하의 벌금에 처한다."고 규정하고 있다.

① ㉠㉣㉡㉢　　② ㉠㉡㉣㉢
③ ㉡㉣㉠㉢　　④ ㉡㉢㉠㉣

23.

> ㉠ 우리는 대장균이라고 부르는데, 정온 동물의 장내에 1cc당 약 100억 마리가 존재한다. 이들이 우리의 장내에서 일정한 수를 유지함으로써 질병을 일으키는 나쁜 세균의 침입을 막아준다.
> ㉡ 미생물학적으로 세균은 그 특성에 따라 여러 가지 종류로 나눌 수 있다. 이들 중 인간과 가장 밀접한 관계를 가지고 있는 것은 역시 장내 세균일 것이다.
> ㉢ 이외에도 대장균은 최근 유행하는 유전 공학의 기본 도구로 사용되고 있다. 한마디로 대장균이 없는 미생물학은 생각할 수 없을 정도로 중요한 것이다.
> ㉣ 어떤 이유에서인지 이들의 숫자가 감소하면 질병 현상이 생긴다. 악명 높은 대장균이 우리에게는 질병을 막아주는 성벽과 같은 역할을 하고 있다는 것이다.

① ㉠㉡㉢㉣　　② ㉠㉢㉡㉣
③ ㉡㉢㉣㉠　　④ ㉡㉠㉣㉢

24. 조직 사회에서 일어나는 갈등을 해결하는 방법 중 문제를 회피하지 않으면서 상대방과의 대화를 통해 동등한 만큼의 목표를 서로 누리는 두 가지 방법이 있다. 이 두 가지 갈등해결 방법에 대한 다음의 설명 중 빈칸에 들어갈 알맞은 말은?

> 첫 번째 유형은 자신에 대한 관심과 상대방에 대한 관심이 중간 정도인 경우로서, 서로가 받아들일 수 있는 결정을 하기 위하여 타협적으로 주고받는 방식을 말한다. 즉, 갈등 당사자들이 반대의 끝에서 시작하여 중간 정도 지점에서 타협하여 해결점을 찾는 것이다.
> 두 번째 유형은 협력형이라고도 하는데, 자신은 물론 상대방에 대한 관심이 모두 높은 경우로서 '나도 이기고 너도 이기는 방법(win-win)'을 말한다. 이 방법은 문제해결을 위하여 서로 간에 정보를 교환하면서 모두의 목표를 달성할 수 있는 '윈윈' 해법을 찾는다. 아울러 서로의 차이를 인정하고 배려하는 신뢰감과 공개적인 대화를 필요로 한다. 이 유형이 가장 바람직한 갈등해결 유형이라 할 수 있다. 이러한 '윈윈'의 방법이 첫 번째 유형과 다른 점은 (　　)는 것이며, 이것을 '윈윈 관리법'이라고 한다.

① 시너지 효과를 극대화할 수 있다.
② 상호 친밀감이 더욱 돈독해진다.
③ 문제의 근본적인 해결책을 얻을 수 있다.
④ 대인관계를 넓힐 수 있다.

25. 다음 세 조직의 특징에 대한 설명으로 적절하지 않은 것은?

> A팀 : 쉽지 않은 해외 영업의 특성 때문인지, 직원들은 대체적으로 질투심이 좀 강한 편이고 서로의 사고방식의 차이를 이해하지 못하는 분위기다. 일부 직원은 조직에 대한 이해도가 다소 떨어지는 것으로 보인다.
> B팀 : 직원들의 목표의식과 책임감이 강하고 직원들 상호 간 협동심이 뛰어나다. 지난 달 최우수 조직으로 선정된 만큼 자신이 팀의 일원이라는 점에 자부심이 강하며 매사에 자발적인 업무 수행을 한다.
> C팀 : 팀의 분위기가 아주 좋으며 모두들 C팀에서 근무하기를 희망한다. 사내 체육대회에서 1등을 하는 등 직원들 간의 끈끈한 유대관계가 장점이나, 지난 2년간 조직 평가 성적이 만족스럽지 못하여 팀장은 내심 걱정거리가 많다.

① B팀은 우수한 팀워크를 가진 조직이다.
② A팀은 자아의식이 강하고 자기중심적인 조직으로 평가할 수 있다.
③ A팀은 세 팀 중 팀워크가 가장 좋지 않은 팀이다.
④ 팀의 분위기가 좋으나 성과를 내지 못하고 있다면, 팀워크는 좋으나 응집력이 부족한 집단이다.

26. 다음은 K 팀장과 팀원 L의 대화이다. 다음 상황에서 K 팀장이 주의해야 할 점으로 옳지 않은 것은?

> K 팀장 : L 씨, 좋은 아침이군요. 나는 L 씨가 구체적으로 어떤 업무를 하길 원하는지, 그리고 새로운 업무 목표는 어떻게 이룰 것인지 의견을 듣고 싶습니다.
> L 팀원 : 솔직히 저는 현재 제가 맡고 있는 업무도 벅찬데 새로운 업무를 받은 것에 대해 달갑지 않습니다. 그저 난감할 뿐이죠.
> K 팀장 : 그렇군요. 그 마음 충분히 이해합니다. 하지만 현재 회사 여건상 인력감축은 불가피합니다. 현재의 인원으로 업무를 어떻게 수행할 수 있을지에 대해 우리는 계획을 세워야 합니다. 이에 대해 L 씨가 새로 맡게 될 업무를 검토하고 그것을 어떻게 달성할 수 있을지 집중적으로 얘기해 봅시다.
> L 팀원 : 일단 주어진 업무를 모두 처리하기에는 시간이 너무 부족합니다. 좀 더 다른 방법을 세워야 할 것 같아요.
> K 팀장 : 그렇다면 혹시 그에 대한 다른 대안이 있나요?
> L 팀원 : 기존에 제가 가지고 있던 업무들을 보면 없어도 될 중복된 업무들이 있습니다. 이러한 업무들을 하나로 통합한다면 새로운 업무를 볼 여유가 생길 것 같습니다.
> K 팀장 : 좋습니다. 좀 더 구체적으로 말씀해 주시겠습니까?
> L 팀원 : 우리는 지금까지 너무 고객의 요구를 만족시키기 위해 필요 없는 절차들을 많이 따르고 있었습니다. 이를 간소화할 필요가 있다고 생각합니다.
> K 팀장 : 그렇군요. 어려운 문제에 대해 좋은 해결책을 제시해 줘서 정말 기쁩니다. 그렇다면 지금부터는 새로운 업무를 어떻게 진행시킬지, 그리고 그 업무가 L 씨에게 어떤 이점으로 작용할지에 대해 말씀해 주시겠습니까? 지금까지 L 씨는 맡은 업무를 잘 처리하였지만 너무 같은 업무만을 하다보면 도전정신도 없어지고 자극도 받지 못하죠. 이번에 새로 맡게 될 업무를 완벽하게 처리하기 위해 어떤 방법을 활용할 생각입니까?
> L 팀원 : 네. 사실 말씀하신 바와 같이 지금까지 겪어보지 못한 전혀 새로운 업무라 기분이 좋지는 않습니다. 하지만 저는 지금까지 제 업무를 수행하면서 창의적인 능력을 사용해 보지 못했습니다. 이번 업무는 제게 이러한 창의적인 능력을 발휘할 수 있는 기회입니다. 따라서 저는 이번 업무를 통해 좀 더 창의적인 능력을 발휘해 볼 수 있는 경험과 그에 대한 자신감을 얻게 되었다는 점이 가장 큰 이점으로 작용할 것이라 생각됩니다.
> K 팀장 : L 씨 정말 훌륭한 생각을 가지고 있군요. 이미 당신은 새로운 기술과 재능을 가지고 있다는 것을 우리에게 보여주고 있습니다.

① 지나치게 많은 정보와 지시를 내려 직원들을 압도한다.
② 어떤 활동을 다루고, 시간은 얼마나 걸리는지 등에 대해 구체적이고 명확하게 밝힌다.
③ 질문과 피드백에 충분한 시간을 할애한다.
④ 직원들의 반응을 이해하고 인정한다.

27. 다음 사례에서 팀원들의 긴장을 풀어주기 위해 甲 팀장이 취할 수 있는 행동으로 가장 적절한 것은?

> 甲 팀장이 다니는 △△기업은 국내에서 가장 큰 매출을 올리며 국내 경제를 이끌어가고 있다. 그로 인해 임직원들의 연봉은 다른 기업에 비해 몇 배나 높은 편이다. 하지만 그만큼 직원들의 업무는 많고 스트레스 또한 다른 직장인들에 비해 훨씬 많다. 매일 아침 6시까지 출근해서 2시간 동안 회의를 하고 야근도 밥 먹듯이 한다. 이런 생활이 계속되자 갓 입사한 신입직원들은 얼마 못 가 퇴사하기에 이르고 기존에 있던 직원들도 더 이상 신선한 아이디어를 내놓기 어려운 실정이 되었다. 특히 오늘 아침에는 유난히 팀원들이 긴장을 하는 것 같아 甲 팀장은 새로운 활동을 통해 팀원들의 긴장을 풀어주어야겠다고 생각했다.

① 자신이 신입직원이었을 당시 열정적으로 일해서 성공한 사례들을 들려준다.
② 오늘 아침 발표된 경쟁사의 신제품과 관련된 신문기사를 한 부씩 나눠주며 읽어보도록 한다.
③ 다른 직장인들에 비해 자신들의 연봉이 높음을 강조하면서 조금 더 힘내 줄 것을 당부한다.
④ 회사 근처에 있는 숲길을 천천히 걸으며 잠시 일상에서 벗어날 수 있는 시간을 마련해 준다.

28. 다음은 조직구조에 대한 그림이다. (가)와 (나)에 들어갈 조직구조는?

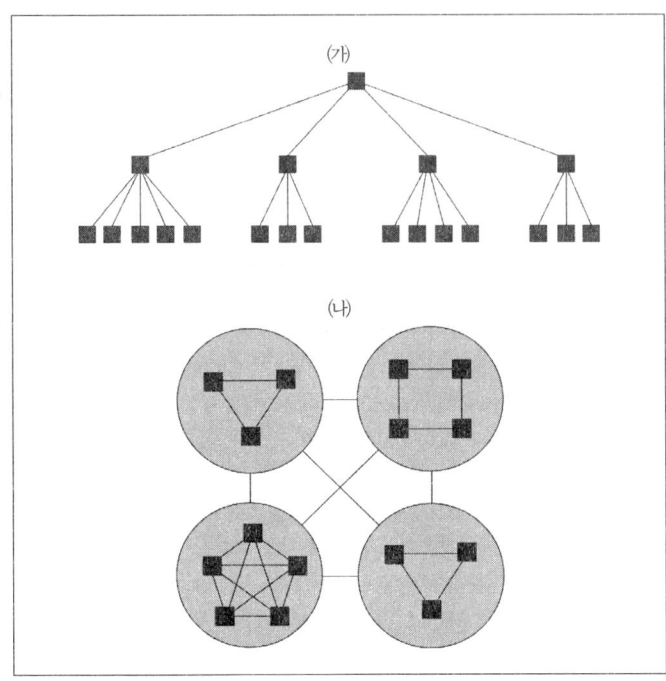

① 수평구조, 유기적 구조
② 수직구조, 기계적 구조
③ 유기적 구조, 기계적 구조
④ 기계적 구조, 유기적 구조

제 01 회 모의고사

29. 다음에서 설명하고 있는 조직 유형은?

- 구성원의 능력을 최대한 발휘하게 하여 혁신을 촉진할 수 있다.
- 동태적이고 복잡한 환경에 적합한 조직구조이다.
- 낮은 수준의 공식화를 특징으로 하는 유기적 조직구조이다.

① 애드호크라시(Adhocracy)
② 사업단위 조직
③ 계층적 조직
④ 네트워크 조직

30. M사의 총무팀에서는 A 부장, B 차장, C 과장, D 대리, E 대리, F 사원이 각각 매 주말마다 한 명씩 사회봉사활동에 참여하기로 하였다. 이들이 다음 〈보기〉에 따라 사회봉사활동에 참여할 경우, 두 번째 주말에 참여할 수 있는 사람으로 짝지어 진 것은 어느 것인가?

〈보기〉
- B 차장은 A 부장보다 먼저 봉사활동에 참여한다.
- C 과장은 D 대리보다 먼저 봉사활동에 참여한다.
- B 차장은 첫 번째 주 또는 세 번째 주에 봉사활동에 참여한다.
- E 대리는 C 과장보다 먼저 봉사활동에 참여하며, E 대리와 C과장이 참여하는 주말 사이에는 두 번의 주말이 있다.

① A 부장, B 차장
② D 대리, E 대리
③ E 대리, F 사원
④ E 대리

31. 다음은 국내 화장품 산업의 SWOT분석이다. 주어진 전략 중 가장 적절한 것은?

SWOT이란, 강점(Strength), 약점(Weakness), 기회(Opportunity), 위협(Threat)의 머리글자를 모아 만든 단어로 경영 전략을 수립하기 위한 도구이다. SWOT분석을 통해 도출된 조직의 외부/내부 환경을 분석 결과를 통해 각각에 대응하는 전략을 도출하게 된다.

SO 전략이란 기회를 활용하면서 강점을 더욱 강화하는 공격적인 전략이고, WO 전략이란 외부환경의 기회를 활용하면서 자신의 약점을 보완하는 전략으로 이를 통해 기업이 처한 국면의 전환을 가능하게 할 수 있다. ST 전략은 외부환경의 위험요소를 회피하면서 강점을 활용하는 전략이며, WT 전략이란 외부환경의 위협요인을 회피하고 자사의 약점을 보완하는 전략으로 방어적 성격을 갖는다.

내부 외부	강점(Strength)	약점(Weakness)
기회 (Opportunity)	SO 전략 (강점 - 기회 전략)	WO 전략 (약점 - 기회 전략)
위협 (Threat)	ST 전략 (강점 - 위협 전략)	WT 전략 (약점 - 위협 전략)

강점 (Strength)	• 참신한 제품 개발 능력과 상위의 생산시설 보유 • 한류 콘텐츠와 연계된 성공적인 마케팅 • 상대적으로 저렴한 가격 경쟁력
약점 (Weakness)	• 아시아 외 시장에서의 존재감 미약 • 대기업 및 일부 브랜드 편중 심화 • 색조 분야 경쟁력이 상대적으로 부족
기회 (Opportunity)	• 중국 · 동남아 시장 성장 가능성 • 중국 화장품 관세 인하 • 유럽에서의 한방 원료 등을 이용한 'Korean Therapy' 관심 증가
위협 (Threat)	• 글로벌 업체들의 중국 진출(경쟁 심화) • 중국 로컬 업체들의 추격 • 중국 정부의 규제 강화 가능성

외부＼내부	강점(Strength)	약점(Weakness)
기회 (Opportunity)	① 색조 화장품의 개발로 중국·동남아 시장 진출	② 다양한 한방 화장품 개발로 유럽 시장에 존재감 부각
위협 (Threat)	③ 저렴한 가격과 높은 품질을 강조하여 유럽 시장에 공격적인 마케팅	④ 한류 콘텐츠와 연계한 마케팅으로 중국 로컬 업체들과 경쟁

32. 집단의사결정과정의 하나인 브레인스토밍에 대한 설명으로 바르지 않은 것은?

① 다른 사람이 아이디어를 제시할 때 비판하지 않는다.
② 모든 아이디어들이 제안되면 이를 결합하여 해결책을 마련한다.
③ 문제에 대한 제안이 자유롭게 이루어진다.
④ 아이디어는 적을수록 결정이 빨라져 좋다.

33. 조직의 유형과 그 예로 바르게 짝지어지지 않은 것은?

① 비영리 조직 - 정부조직, 병원
② 대규모 조직 - 대기업, 가족 소유의 상점
③ 공식 조직 - 조직의 규모·규정이 조직화된 조직
④ 비공식 조직 - 인간관계에 따라 형성된 자발적 조직

34. 다음은 U기업의 조직도와 팀장의 지시사항이다. 다음 중 K가 해야 할 행동으로 가장 적절한 것은?

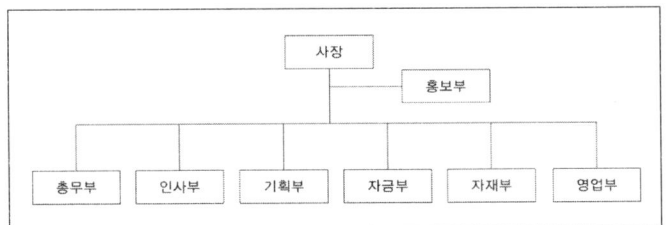

〈팀장 지시사항〉
K 씨, 다음 주에 신규직원 공채시작이지? 실무자에게 부탁해서 공고문 확인하고 지난번에 우리 부서에서 제출한 자료랑 맞게 제대로 들어갔는지 확인해주고 공채 절차하고 채용 후에 신입직원 교육이 어떻게 진행되는지 정확한 자료를 좀 받아와요.

① 인사부에서 신규직원 공채 공고문을 받고, 총무부에서 신입직원 교육 자료를 받아온다.
② 홍보실에서 신규직원 공채 공고문을 받고, 인사부에서 신입직원 교육 자료를 받아온다.
③ 총무부에서 신규직원 공채 공고문과 신입직원 교육 자료를 받아온다.
④ 인사부에서 신규직원 공채 공고문과 신입직원 교육 자료를 받아온다.

제 01 회 모의고사

35. 다음 중 아래의 조직도를 올바르게 이해한 것은?

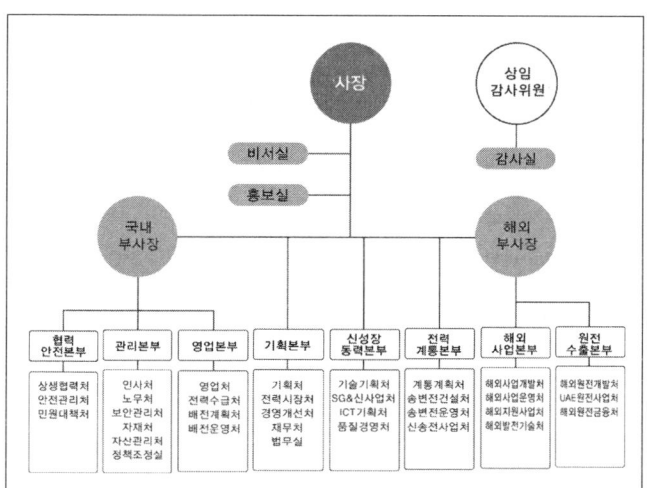

- ㉠ 사장직속으로는 3개 본부, 13개 처, 2개 실로 구성되어 있다.
- ㉡ 국내·해외부사장은 각 3개의 본부를 이끌고 있다.
- ㉢ 감사실은 다른 부서들과는 별도로 상임 감사위원 산하에 따로 소속되어 있다.
- ㉣ 노무처와 재무처는 서로 업무협동이 있어야 하므로 같은 본부에 소속되어 있다.

① ㉠
② ㉢
③ ㉡㉢
④ ㉢㉣

36. 다음 〈보기〉와 같은 조직문화의 형태와 그 특징에 대한 설명 중 적절한 것만을 모두 고른 것은?

〈보기〉
- ㉠ 위계를 지향하는 조직문화는 조직원 개개인의 능력과 개성을 존중한다.
- ㉡ 과업을 지향하는 조직문화는 업무 수행의 효율성을 강조한다.
- ㉢ 혁신을 지향하는 조직문화는 조직의 유연성과 외부 환경에의 적응에 초점을 둔다.
- ㉣ 관계를 지향하는 조직문화는 구성원들의 상호 신뢰와 인화 단결을 중요시한다.

① ㉡㉢㉣
② ㉠㉢㉣
③ ㉠㉡㉣
④ ㉠㉡㉢

37. 다음과 같은 문서 결재 양식을 보고 알 수 있는 사항이 아닌 것은?

결재	담당	팀장	본부장	부사장	사장
	박 사원 서명	강 팀장 서명	전결		본부장

출장보고서

① 박 사원은 출장을 다녀왔으며, 전체 출장 인원수는 알 수 없다.
② 출장자에 강 팀장은 포함되어 있지 않다.
③ 팀장 이하 출장자의 출장보고서 전결권자는 본부장이다.
④ 부사장은 결재할 필요가 없는 문서이다.

38. 길동이는 다음과 같이 직장 상사의 지시사항을 전달받았다. 이를 순서대로 모두 수행하기 위하여 업무 협조가 필요한 조직의 명칭이 순서대로 바르게 나열된 것은?

"길동 씨, 내가 내일 하루 종일 외근을 해야 하는데 몇 가지 업무 처리를 좀 도와줘야겠습니다. 이 서류는 팀장님 결재가 끝난 거니까 내일 아침 출근과 동시에 바로 유관부서로 넘겨서 비용 집행이 이루어질 수 있도록 해 주세요. 그리고 지난 번 퇴사한 우리 팀 오 부장님 퇴직금 정산이 좀 잘못되었나 봅니다. 오 부장님이 관계 서류를 나한테 보내주신 게 있는데 그것도 확인 좀 해 주고 결재를 다시 요청해 줘야 할 것 같아요. 또 다음 주 바이어들 방문 일정표 다시 한 번 확인해 보고 누락된 사항 있으면 잘 준비해 두고요. 특히 공항 픽업 관련 배차 결재 서류 올린 건 처리가 되었는지 반드시 재점검해 주길 바랍니다. 지난번 차량 배차에 문제가 생겨서 애먹은 건 길동 씨도 잘 알고 있겠죠? 부탁 좀 하겠습니다."

① 회계팀, 인사팀, 총무팀
② 인사팀, 홍보팀, 회계팀
③ 인사팀, 총무팀, 마케팅팀
④ 총무팀, 회계팀, 마케팅팀

39. '조직몰입'에 대한 다음 설명을 참고할 때, 조직몰입의 유형에 대한 설명으로 적절하지 않은 것은?

> 몰입이라는 용어는 사회학에서 주로 다루어져 왔는데 사전적 의미에서 몰입이란 "감성적 또는 지성적으로 특정의 행위과정에서 빠지는 것"이므로 몰입은 타인, 집단, 조직과의 관계를 포함하며, 조직몰입은 종업원이 자신이 속한 조직에 대해 얼마만큼의 열정을 가지고 몰두하느냐 하는 정도를 가리키는 개념이다. 즉, 조직에 대한 충성 동일화 및 참여의 견지에서 조직구성원이 가지는 조직에 대한 성향을 의미한다. 또한 조직몰입은 조직의 목표와 가치에 대한 강한 신념과 조직을 위해 상당한 노력을 하고자 하는 의지 및 조직의 구성원으로 남기를 바라는 강한 욕구를 의미하기도 한다. 최근에는 직무만족보다 성과나 이직 등의 조직현상에 대한 설명력이 높다는 관점에서 조직에 대한 조직구성원의 태도를 나타내는 조직몰입은 많은 연구의 관심사가 되고 있다.

① 조직과 구성원 간의 관계가 타산적이고 합리적일 때의 유형은 '계산적 몰입'에 해당된다.
② 조직과 구성원 간의 관계가 부정적, 착취적 상태인 몰입의 유형은 '소외적 몰입'에 해당된다.
③ '도덕적 몰입'은 몰입의 정도가 가장 낮다고 할 수 있다.
④ '계산적 몰입'은 공적인 조직에서 찾아볼 수 있으며 단순한 참여와 근속만을 의미한다.

40. 다음과 같은 '갑'사의 위임전결규칙을 참고할 때, 다음 중 적절한 행위로 볼 수 없는 것은? (단, 전결권자 부재 시 차상위자가 전결권자가 된다.)

업무내용(소요예산 기준)	전결권자				이사장
	팀원	팀장	국(실)장	이사	
가. 공사 도급					
3억 원 이상					○
1억 원 이상				○	
1억 원 미만			○		
1,000만 원 이하	○				
나. 물품(비품, 사무용품 등) 제조/구매 및 용역					
3억 원 이상					○
1억 원 이상				○	
1억 원 미만			○		
1,000만 원 이하	○				
다. 자산의 임(대)차 계약					
1억 원 이상					○
1억 원 미만				○	
5,000만 원 미만			○		
라. 물품수리					
500만 원 이상			○		
500만 원 미만		○			
마. 기타 사업비 예산집행 기본품의					
1,000만 원 이상			○		
1,000만 원 미만	○				

① 국장이 부재중일 경우, 소요예산 5,000만 원인 공사 도급 계약은 팀장이 전결권자가 된다.
② 소요예산이 800만 원인 인쇄물의 구매 건은 팀장의 전결 사항이다.
③ 이사장이 부재중일 경우, 소요예산이 2억 원인 자산 임대차 계약 건은 국장이 전결권자가 된다.
④ 소요예산이 600만 원인 물품수리 건은 이사의 결재가 필요하지 않다.

41. 다음 두 가지 근면의 사례를 구분하는 가장 중요한 요소로 적절한 것은?

> ⊙ 연일 계속되는 야근과 휴일 근무로 인해 육체의 수고와 정신적 스트레스는 물론 가정의 화목까지 위협받지만 온 힘을 다하여 새벽부터 출근길에 오르는 수많은 직장인들
> ⓒ 부유한 집안에서 태어나 젊은 나이에도 학업과 직장 생활을 뒤로 하고 방탕한 생활을 하다가, 40대 후반이 되어서야 만학의 꿈을 갖고 스스로 불철주야 도서관에서 학문에 정진하는 중년

① 근면의 방법
② 보수의 유무
③ 근면의 동기
④ 근면의 사회성

42. 아래에 제시된 글을 읽고 문제해결과정 중 어느 부분에 위치하는 것이 적절한지를 고르면?

> T사는 1950년대 이후 세계적인 자동차 생산 회사로서의 자리를 지켜 왔다. 그러나 최근 T사의 자동차 생산라인에서 문제가 발생하고 있었는데, 이 문제는 자동차 문에서 나타난 멍자국이었다. 문을 어느 쪽에서 보는가에 따라 다르기는 하지만, 이 멍자국은 눌린 것이거나 문을 만드는 과정에서 생긴 것 같았다.
> 문을 만들 때는 평평한 금속을 곡선으로 만들기 위해 강력한 프레스기에 넣고 누르게 되는데, 그 때 표면이 올라온 것처럼 보였다. 실제적으로 아주 작은 먼지나 미세한 입자 같은 것도 프레스기 안에 들어가면 문짝의 표면에 자국을 남길 수 있을 것으로 추정되었다.
> 그러던 어느 날 A 공장장은 공장의 생산라인 담당자 B로부터 다음과 같은 푸념을 듣게 되었다.
> "저는 매일 같이 문짝 때문에 재작업을 하느라 억만금이 들어간다고 말하는 재정 담당 사람들이나, 이 멍자국이 어떻게 해서 진열대까지 올라가면 고객들을 열 받게 해서 다 쫓아 버린다고 말하는 마케팅 직원들과 싸우고 있어요." 처음에 A 공장장은 이 말을 듣고도 '멍자국이 무슨 문제가 되겠어?'라고 별로 신경을 쓰지 않았다.
> 그러나 자기 감독 하에 있는 프레스기에서 나오는 멍자국의 수가 점점 증가하고 있다는 것을 알게 되었고, 그것 때문에 페인트 작업이나 조립 공정이 점점 늦어짐으로써 회사에 막대한 추가 비용과 시간이 든다는 문제를 인식하게 되었다.

① 문제에 대한 실행 및 평가 단계
② 문제해결안 단계
③ 문제처리 단계
④ 문제인식 단계

43. 다음은 지역 간의 시차를 계산하는 방법에 대한 설명이다. 다음을 참고할 때, 동경 135도에 위치한 인천에서 서경 120도에 위치한 로스앤젤레스로 출장을 가야 하는 최 과장이 도착지 공항에 현지 시각 7월 10일 오전 11시까지 도착하기 위해서 탑승해야 할 가장 늦은 항공편은 어느 것인가? (단, 비행시간 이외의 시간은 고려하지 않는다.)

> 시차 계산 요령은 다음과 같은 3가지의 원칙을 적용할 수 있다.
> 1. 같은 경도(동경과 동경 혹은 서경과 서경)인 경우는 두 지점을 빼서 15로 나누되, 더 숫자가 큰 쪽이 동쪽에 위치한다는 뜻이므로 시간도 더 빠르다.
> 2. 또한, 본초자오선과의 시차는 한국이 영국보다 9시간 빠르다는 점을 적용하면 된다.
> 3. 경도가 다른 경우(동경과 서경)는 두 지점을 더해서 15로 나누면 되고 역시 동경이 서경보다 더 동쪽에 위치하므로 시간도 더 빠르게 된다.

항공편명	출발일	출발 시각	비행시간
KR107	7월 9일	오후 11시	
AE034	7월 9일	오후 2시	
KR202	7월 9일	오후 7시	12시간
AE037	7월 10일	오후 10시	
KR204	7월 10일	오후 4시	

① KR107
② AE034
③ KR202
④ KR204

44. 다음은 ○○회사 직원들 갑, 을, 병, 정, 무의 국외 출장 현황과 출장 국가별 여비 기준을 나타낸 자료이다. 이 자료를 근거로 출장 여비를 지급받을 때, 출장 여비를 가장 많이 지급받는 출장자부터 순서대로 바르게 나열한 것은?

〈갑, 을, 병, 정, 무의 국외 출장 현황〉

출장자	출장 국가	출장 기간	숙박비 지급 유형	1박 실지출 비용($/박)	출장 시 개인 마일리지 사용여부
갑	A	3박 4일	실비지급	145	미사용
을	A	3박 4일	정액지급	130	사용
병	B	3박 5일	실비지급	110	사용
정	C	4박 6일	정액지급	75	미사용
무	D	5박 6일	실비지급	75	사용

※ 각 출장자의 출장 기간 중 매박 실지출 비용은 변동 없음

〈출장 국가별 1인당 여비 지급 기준액〉

구분 출장국가	1일 숙박비 상한액($/박)	1일 식비($/일)
A	170	72
B	140	60
C	100	45
D	85	35

> ㉠ 출장 여비($) = 숙박비 + 식비
> ㉡ 숙박비는 숙박 실지출 비용을 지급하는 실비지급 유형과 출장국가 숙박비 상한액의 80%를 지급하는 정액지급 유형으로 구분
>   • 실비지급 숙박비($) = (1박 실지출 비용) × ('박' 수)
>   • 정액지급 숙박비($) = (출장국가 1일 숙박비 상한액) × ('박' 수) × 0.8
> ㉢ 식비는 출장 시 개인 마일리지 사용여부에 따라 출장 중 식비의 20% 추가지급
>   • 개인 마일리지 미사용 시 지급 식비($) = (출장국가 1일 식비) × ('일' 수)
>   • 개인 마일리지 사용 시 지급 식비($) = (출장국가 1일 식비) × ('일' 수) × 1.2

① 갑, 을, 병, 정, 무
② 갑, 을, 병, 무, 정
③ 을, 갑, 정, 병, 무
④ 을, 갑, 병, 무, 정

45. 다음과 관련 있는 자원관리능력은?

> • 예산
> - 필요한 비용을 미리 헤아려 계산함
> - 국가나 단체에서 한 회계 연도의 수입과 지출을 미리 셈하여 정한 계획
> • 비용
> - 어떤 일을 하는 데 드는 돈
> - 기업에서 생산을 위하여 소비하는 원료비, 기계 설비비, 빌린 자본의 이자 등

① 시간관리능력
② 예산관리능력
③ 물적관리능력
④ 인적자원관리능력

46. 다음에서 설명하고 있는 인사관리의 원칙은

> 근로자의 인권을 존중하고 공헌도에 따라 노동의 대가를 공정하게 지급한다.

① 적재적소 배치의 원리
② 공정 보상의 원칙
③ 공정 인사의 원칙
④ 종업원 안정의 원칙

47. 다음은 「청탁금지법」에 저촉되는지 여부에 대한 'Q&A'이다. 해당 질문에 대한 답변이 적절하지 않은 것은?

① Q : 골프접대의 경우도 선물로 인정되어, 가액기준 내라면 수수가 가능한가요?
　A : 접대·향응에 해당하는 골프접대는 선물로 볼 수 없어 가액기준(5만 원) 이하라도 다른 예외사유가 없는 한 허용되지 않습니다.

② Q : 언론사 임직원이 직무관련자로부터 15만 원 상당의 선물을 받고, 지체 없이 반환하고 신고한 경우 선물 제공자는 「청탁금지법」 위반인가요?
　A : 지체 없이 반환하여 실제 수수가 이루어지지 않았다면 「청탁금지법」에 저촉되지 않습니다.

③ Q : 식사접대와 선물을 동시에 받을 수 있는지요?
　A : 그런 경우 수수한 물품의 가액을 합산하여 합산된 가액이 정해진 기준을 넘지 않아야 합니다.

④ Q : 언론사 임직원이 축의금으로 15만 원을 받은 경우 가액한도를 초과한 부분(10만 원)만 반환하면 되나요?
　A : 가액기준을 초과하는 경조사비를 수수한 경우 가액기준을 초과하는 부분만 반환하면 제재대상에서 제외됩니다.

48. 다음 비용 중 성격이 다른 하나는?
① 재료비
② 여행비
③ 인건비
④ 광고비

49. 다음은 R기관의 직원 승진 평가 자료와 평가 기준에 관한 자료이다. 다음 자료를 참고할 때, 최종 승진자로 선정될 사람은 누구인가?

〈승진대상자 평가 내역〉

	매출실적(점)	대인관계(점)	제안실적(점)
A 직원	7 / 8	8 / 8	8 / 7
B 직원	9 / 9	9 / 8	7 / 7
C 직원	9 / 8	7 / 9	6 / 8
D 직원	7 / 7	7 / 6	8 / 7
E 직원	7 / 8	8 / 8	7 / 6
F 직원	8 / 7	7 / 8	8 / 9

〈최종 승진자 평가 기준〉
* 각 항목 점수는 '선임자 부여점수 / 팀장 부여점수'임
* 최종 승진은 종합 점수 최고 득점자 2명으로 하며, 동점자 순위는 팀장의 평가점수 합산이 높은 득점자를 우선으로 한다. 팀장의 평가점수 합산이 동일할 경우, 팀장이 부여한 매출→대인관계→제안 점수 고득점자 순으로 우선순위를 결정한다.
* 평가 점수 산정 기준
  - 각 항목 선임자와 팀장의 점수 중, 고점 부여자의 점수를 반영함
  - 매출실적 점수 + 대인관계 점수 + 제안실적 점수 = 최종 평가 점수

① C 직원, F 직원
② B 직원, F 직원
③ B 직원, D 직원
④ C 직원, B 직원

50. 다음과 같은 조건을 만족할 때, 정 과장의 연차 휴가에 속할 수 없는 요일은 언제인가?

• 홍보팀 정 과장은 이번 달에 2박 3일 간의 연차 휴가를 사용하려 한다.
• 이번 달은 1일이 수요일인 6월 달이다.
• 둘째 주엔 정 과장의 휴가, 넷째 주엔 홍보팀 워크숍이 계획되어 있어 휴가를 쓰기 어렵다.
• 15일은 기자 간담회가 예정되어 있으며, 27일은 2/4분기 실적 마감일이라 가장 바쁜 날이다.

① 월요일
② 화요일
③ 수요일
④ 목요일

부산시설공단 봉투모의고사 OMR카드

서원각
www.goseowon.com

부산시설공단
공무직 채용대비
- 제 02 회 모의고사 -

영 역	의사소통 · 문제해결 · 자원관리 · 조직이해
문항수	총 50문항
비 고	객관식 4지선다형

- 문제지 및 답안지의 해당란에 문제유형, 성명, 응시번호를 정확히 기재하세요.
- 모든 기재 및 표기사항은 "컴퓨터용 흑색 수성 사인펜"만 사용합니다.
- 예비 마킹은 중복 답안으로 판독될 수 있습니다.

제 02 회 모의고사

1. 다음 밑줄 친 부분과 가장 가까운 의미로 쓰인 것은?

> 대의(代議) 제도를 따르지 않은 어떤 형태의 정부도 진정한 정체라 말할 수 없다. 군주제와 귀족제는 통치방식이 기본적으로 대의적이지는 않지만, 대의 제도에 부합하는 통치 방식을 따를 수 있는 여지가 있다. (㉠) 민주제에서는 대의 제도가 실현되기 어렵다. 왜냐하면 민주제에서는 국민 모두가 통치자이기를 바라기 때문이다. 한 국가의 통치자 수가 적으면 적을수록 그리고 그들이 국민을 실제로 대표하면 할수록 그 국가의 정부는 공화정에 접근할 수 있다. (㉡) 점진적 개혁에 의해 공화정에 근접할 것으로 기대할 수도 있다. 이런 이유로 완벽하게 합법적 정체인 공화정에 도달하는 것이 군주제보다는 귀족제에서 더 어려우며 민주제에서는 폭력 혁명이 아니면 도달하는 것이 불가능하다.

	㉠	㉡
①	그리고	또
②	왜냐하면	요컨대
③	그러나	그리고
④	그래서	하지만

2. 다음 단락을 논리적 흐름에 맞게 바르게 배열한 것은?

> ㉠ 자본주의 사회에서 상대적으로 부유한 집단, 지역, 국가는 환경적 피해를 약자에게 전가하거나 기술적으로 회피할 수 있는 가능성을 가진다.
> ㉡ 오늘날 환경문제는 특정한 개별 지역이나 국가의 문제에서 나아가 전 지구적 문제로 확대되었지만, 이로 인한 피해는 사회·공간적으로 취약한 특정 계층이나 지역에 집중적으로 나타나는 환경적 불평등을 야기하고 있다.
> ㉢ 인간사회와 자연환경 간의 긴장관계 속에서 발생하고 있는 오늘날 환경위기의 해결 가능성은 논리적으로 뿐만 아니라 역사적으로 과학기술과 생산조직의 발전을 규정하는 사회적 생산관계의 전환을 통해서만 실현될 수 있다.
> ㉣ 부유한 국가나 지역은 마치 환경문제를 스스로 해결한 것처럼 보이기도 하며, 나아가 자본주의 경제체제 자체가 환경문제를 해결(또는 최소한 지연)할 수 있는 능력을 갖춘 것처럼 홍보되기도 한다.

① ㉠㉡㉢㉣
② ㉠㉡㉣㉢
③ ㉡㉠㉣㉢
④ ㉡㉣㉠㉢

3. 다음 내용에서 주장하고 있는 것은?

> 기본적으로 한국 사회는 본격적인 자본주의 시대로 접어들었고 그것은 소비사회, 그리고 사회 구성원들의 자기표현이 거대한 복제기술에 의존하는 대중문화 시대를 열었다. 현대인의 삶에서 대중매체의 중요성은 더욱 더 높아지고 있으며 따라서 이제 더 이상 대중문화를 무시하고 엘리트 문화지향성을 가진 교육을 하기는 힘든 시기에 접어들었다. 세계적인 음악가로 추대받는 비틀즈도 영국 고등학교가 길러낸 음악가이다.

① 대중문화에 대한 검열이 필요하다.
② 한국에서 세계적인 음악가의 탄생을 위해 고등학교에서 음악 수업의 강화가 필요하다.
③ 한국 사회에서 대중문화를 인정하는 것은 중요하다.
④ 교양 있는 현대인의 배출을 위해 고전음악에 대한 교육이 필요하다.

4. 다음 두 글에서 공통적으로 말하고자 하는 것은 무엇인가?

(가) 많은 사람들이 기대했던 우주왕복선 챌린저는 발사 후 1분 13초만에 폭발하고 말았다. 사건조사단에 의하면, 사고원인은 챌린저 주엔진에 있던 O-링에 있었다. O-링은 디오콜사가 NASA로부터 계약을 따내기 위해 저렴한 가격으로 생산될 수 있도록 설계되었다. 하지만 첫 번째 시험에 들어가면서부터 설계상의 문제가 드러나기 시작하였다. NASA의 엔지니어들은 그 문제점들을 꾸준히 제기했으나, 비행시험에 실패할 정도의 고장이 아니라는 것이 디오콜사의 입장이었다. 하지만 O-링을 설계했던 과학자도 문제점을 인식하고 문제가 해결될 때까지 챌린저 발사를 연기하도록 회사 매니저들에게 주지시키려 했지만 거부되었다. 한 마디로 그들의 노력이 미흡했기 때문이다.

(나) 과학의 연구 결과는 사회에서 여러 가지로 활용될 수 있지만, 그 과정에서 과학자의 의견이 반영되는 일은 드물다. 과학자들은 자신이 책임질 수 없는 결과를 이 세상에 내놓는 것과 같다. 과학자는 자신이 개발한 물질을 활용하는 과정에서 나타날 수 있는 위험성을 충분히 알리고 그런 물질의 사용에 대해 사회적 합의를 도출하는 데 적극 협조해야 한다.

① 과학적 결과의 장단점
② 과학자와 기업의 관계
③ 과학자의 윤리적 책무
④ 과학자의 학문적 한계

5. 다음 글을 참고할 때, '깨진 유리창의 법칙'이 시사하는 바로 가장 적절한 설명은 무엇인가?

1969년 미국 스탠포드 대학의 심리학자인 필립 짐바르도 교수는 아주 흥미로운 심리실험을 진행했다. 범죄가 자주 발생하는 골목을 골라 새 승용차 한 대를 보닛을 열어놓은 상태로 방치시켰다. 일주일이 지난 뒤 확인해보니 그 차는 아무런 이상이 없었다. 원상태대로 보존된 것이다. 이번에는 똑같은 새 승용차를 보닛을 열어놓고, 한쪽 유리창을 깬 상태로 방치시켜 두었다. 놀라운 일이 벌어졌다. 불과 10분이 지나자 배터리가 없어지고 차 안에 쓰레기가 버려져 있었다. 시간이 지나면서 낙서, 도난, 파괴가 연이어 일어났다. 일주일이 지나자 그 차는 거의 고철 상태가 되어 폐차장으로 실려 갈 정도가 되었던 것이다. 훗날 이 실험결과는 '깨진 유리창의 법칙'이라는 이름으로 불리게 된다.

1980년대의 뉴욕 시는 연간 60만 건 이상의 중범죄가 발생하는 범죄도시로 악명이 높았다. 당시 여행객들 사이에서 '뉴욕의 지하철은 절대 타지 마라'는 소문이 돌 정도였다. 미국 라토가스 대학의 젤링 교수는 '깨진 유리창의 법칙'에 근거하여, 뉴욕 시의 지하철 흉악 범죄를 줄이기 위한 대책으로 낙서를 철저하게 지울 것을 제안했다. 낙서가 방치되어 있는 상태는 창문이 깨져있는 자동차와 같은 상태라고 생각했기 때문이다.

① 범죄는 대중교통 이용 공간에서 발생확률이 가장 높다.
② 문제는 확인되기 전에 사전 단속이 중요하다.
③ 작은 일을 철저히 관리하면 큰 사고를 막을 수 있다.
④ 낙서는 가장 핵심적인 범죄의 원인이 된다.

6. 다음 글의 문맥상 빈칸에 들어갈 말로 가장 적절한 것은?

　기본적으로 전기차의 충전수요는 주택용 및 직장용 충전 방식을 통해 상당부분 충족될 수 있다. 집과 직장은 우리가 하루 중 대부분의 시간을 보내는 장소이며, 그만큼 우리의 자동차가 가장 많은 시간을 보내는 장소이다. 그러나 서울 및 대도시를 포함하여, 전국적으로 주로 아파트 등 공동주택에 거주하는 가구비중이 높은 국내 현실을 감안한다면, 주택용 충전방식의 제약은 단기적으로 해결하기는 어려운 것이 또한 현실이다. 더욱이 우리가 자동차를 소유하고 활용할 때 직장으로의 통근용으로만 사용하지는 않는다. 때론 교외로 때론 지방으로 이동할 때 자유롭게 활용 가능해야 하며, 이때 (　　　　　　　), 전기차의 시장침투는 그만큼 제약될 수밖에 없다. 직접 충전을 하지 않더라도 적어도 언제 어디서나 충전이 가능하다는 인식이 자동차 운전자들에게 보편화되지 않는다면, 배터리에 충전된 전력이 다 소진되어, 도로 한가운데서 꼼짝달싹할 수 없게 될 수도 있다는 두려움, 즉 주행가능거리에 대한 우려로 인해 기존 내연기관차에서 전기차로의 전환은 기피대상이 될 수밖에 없다.
　결국 누구나 언제 어디서나 접근이 가능한 공공형 충전소가 도처에 설치되어야 하며, 이를 체계적으로 운영 관리하여 전기차 이용자들이 편하게 사용할 수 있는 분위기 마련이 시급하다. 이를 위해서는 무엇보다 전기차 충전서비스 시장이 두터워지고, 잘 작동해야 한다.

① 충전 요금이 과도하게 책정된다면
② 전기차 보급이 활성화되어 있지 않다면
③ 남아 있는 배터리 잔량을 확인할 수 없다면
④ 기존 내연기관차보다 불편함이 있다면

【7~8】 다음은 우리나라의 공적연금제도와 관련된 설명이다. 물음에 답하시오.

　사람들은 은퇴 이후 소득이 급격하게 줄어드는 위험에 처할 수 있다. 이러한 위험이 발생할 경우 일정 수준의 생활(소득)을 보장해 주기 위한 제도가 공적연금제도이다. 우리나라의 공적연금제도에는 대표적으로 국민의 노후 생계를 보장해 주는 국민연금이 있다. 공적연금제도는 강제가입을 원칙으로 한다. 연금은 가입자가 비용은 현재 지불하지만 그 편익은 나중에 얻게 된다. 그러나 사람들은 현재의 욕구를 더 긴박하고 절실하게 느끼기 때문에 불확실한 미래의 편익을 위해서 당장은 비용을 지불하지 않으려는 경향이 있다. 또한 국가는 사회보장제도를 통하여 젊은 시절에 노후를 대비하지 않은 사람들에게도 최저생계를 보장해준다. 이 경우 젊었을 때 연금에 가입하여 성실하게 납부한 사람들이 방만하게 생활한 사람들의 노후생계를 위해 세금을 추가로 부담해야 하는 문제가 생긴다. 그러므로 국가가 나서서 강제로 연금에 가입하도록 하는 것이다.
　공적연금제도의 재원을 충당하는 방식은 연금 관리자의 입장과 연금 가입자의 입장에서 각기 다르게 나누어 볼 수 있다. 연금 관리자의 입장에서는 '적립방식'과 '부과방식'의 두 가지가 있다. '적립방식'은 가입자가 낸 보험료를 적립해 기금을 만들고 이 기금에서 나오는 수익으로 가입자가 납부한 금액에 비례하여 연금을 지급하지만, 연금액은 확정되지 않는다. '적립방식'은 인구 구조가 변하더라도 국가는 재정을 투입할 필요가 없고, 받을 연금과 내는 보험료의 비율이 누구나 일정하므로 보험료 부담이 공평하다. 하지만 일정한 기금이 형성되기 전까지는 연금을 지급할 재원이 부족하므로, 제도 도입 초기에는 연금 지급이 어렵다. '부과방식'은 현재 일하고 있는 사람들에게서 거둔 보험료로 은퇴자에게 사전에 정해진 금액만큼 연금을 지급하는 것이다. 이는 '적립방식'과 달리 세대 간 소득재분배 효과가 있으며, 제도 도입과 동시에 연금 지급을 개시할 수 있다는 장점이 있다. 다만 인구 변동에 따른 불확실성이 있다. 노인 인구가 늘어나 역삼각형의 인구구조가 만들어질 때는 젊은 세대의 부담이 증가되어 연금 제도를 유지하기가 어려워질 수 있다.
　연금 가입자의 입장에서는 납부하는 금액과 지급 받을 연금액의 관계에 따라 확정기여방식과 확정급여방식으로 나눌 수 있다. 확정기여방식은 가입자가 일정한 액수나 비율로 보험료를 낼 것만 정하고 나중에 받을 연금의 액수는 정하지 않는 방식이다. 이는 연금 관리자의 입장에서 보면 '적립방식'으로 연금 재정을 운용하는 것이다. 그래서 이 방식은 이자율이 낮아지거나 연금 관리자가 효율적으로 기금을 관리하지 못하는 경우에 개인이 손실 위험을 떠안게 된다. 또한 물가가 인상되는 경우 확정기여에 따른 적립금의 화폐가치가 감소되는 위험도 가입자가 감수해야 한다. 확정급여방식은 가입자가 얼마의 연금을 받을 지를 미리 정해놓고, 그에 따라 개인이 납부할 보험료를 정하는 방식이다. 이는 연금 관리자의 입장에서는 '부과방식'으로 연금 재정을 운용하는 것이다. 나중에 받을 연금을 미리 정하면 기금 운용 과정에서 발생하는 투자의 실패는 연금 관리자가 부담하게 된다. 그러나 이 경우에도 물가상승에 따른 손해는 가입자가 부담해야 하는 단점이 있다.

7. 공적연금의 재원 충당 방식 중 '적립방식'과 '부과방식'을 비교한 내용으로 적절하지 않은 것은?

	항목	적립방식	부과방식
①	연금 지급 재원	가입자가 적립한 기금	현재 일하는 세대의 보험료
②	연금 지급 가능 시기	일정한 기금이 형성된 이후	제도 시작 즉시
③	세대 간 부담의 공평성	세대 간 공평성 미흡	세대 간 공평성 확보
④	소득 재분배 효과	소득 재분배 어려움	소득 재분배 가능

8. 위 내용을 바탕으로 다음 상황에 대해 분석할 때 적절하지 않은 결론을 도출한 사람은?

> ○○회사는 이번에 공적연금 방식을 준용하여 퇴직연금 제도를 새로 도입하기로 하였다. 이에 회사는 직원들이 퇴직연금 방식을 확정기여방식과 확정급여방식 중에서 선택할 수 있도록 하였다.

① 확정기여방식은 부담금이 공평하게 나눠지는 측면에서 장점이 있어.
② 확정기여방식은 기금을 운용할 회사의 능력에 따라 나중에 받을 연금액이 달라질 수 있어.
③ 확정기여방식은 기금의 이자 수익률이 물가상승률보다 높으면 연금액의 실질적 가치가 상승할 수 있어.
④ 확정급여방식은 투자 수익이 부실할 경우 가입자가 보험료를 추가로 납부해야 하는 문제가 있어.

【9 ~ 10】 다음은 선물 거래에 관련된 설명이다. 물음에 답하시오.

선물 거래는 경기 상황의 변화에 의해 자산의 가격이 변동하는 데서 올 수 있는 경제적 손실을 피하려는 사람과 그 위험을 대신 떠맡으면서 그것이 기회가 될 수 있는 상황을 기대하며 경제적 이득을 얻으려는 사람 사이에서 이루어지는 것이다.

[A] 배추를 경작하는 농민이 주변 여건에 따라 가격이 크게 변동하는 데서 오는 위험에 대비해 3개월 후 수확하는 배추를 채소 중개상에게 1포기당 8백 원에 팔기로 미리 계약을 맺었다고 할 때, 이와 같은 계약을 선물 계약, 8백 원을 선물 가격이라고 한다. 배추를 경작하는 농민은 선물 계약을 맺음으로써 3개월 후의 배추 가격이 선물 가격 이하로 떨어지더라도 안정된 소득을 확보할 수 있게 된다. 그렇다면 채소 중개상은 왜 이와 같은 계약을 한 것일까? 만약 배추 가격이 선물 가격 이상으로 크게 뛰어오르면 그는 이 계약을 통해 많은 이익을 챙길 수 있기 때문이다. 즉 배추를 경작한 농민과는 달리 3개월 후의 배추 가격이 뛰어오를지도 모른다는 기대에서 농민이 우려하는 위험을 대신 떠맡는 데 동의한 것이다.

선물 거래의 대상에는 농산물이나 광물 외에 주식, 채권, 금리, 외환 등도 있다. 이 중 거래 규모가 비교적 크고 그 방식이 좀 더 복잡한 외환 즉, 통화 선물 거래의 경우를 살펴보자. 세계 기축 통화인 미국 달러의 가격, 즉 달러 환율은 매일 변동하기 때문에 달러로 거래 대금을 주고받는 수출입 기업의 경우 뜻하지 않은 손실의 위험이 있다. 따라서 달러 선물 시장에서 약정된 가격에 달러를 사거나 팔기로 계약해 환율 변동에 의한 위험에 대비하는 방법을 활용한다.

미국에서 밀가루를 수입해 식품을 만드는 A사는 7월 25일에 20만 달러의 수입 계약을 체결하고 2개월 후인 9월 25일에 대금을 지급하기로 하였다. 7월 25일 현재 원/달러 환율은 1,300원/US$이고 9월에 거래되는 9월물 달러 선물의 가격은 1,305원/US$이다. A사는 2개월 후에 달러 환율이 올라 손실을 볼 경우를 대비해 선물 거래소에서 9월물 선물 20만 달러어치를 사기로 계약하였다. 그리고 9월 25일이 되자 A사가 우려한 대로 원/달러 환율은 1,350원/US$, 9월물 달러 선물의 가격은 1,355원/US$으로 올랐다. A사는 아래의 〈표〉와 같이 당장 미국의 밀가루 제조 회사에 지급해야 할 20만 달러를 준비하는 데 2개월 전에 비해 1천만 원이 더 들어가는 손실을 보았다. 하지만 선물 시장에서 달러당 1,305원에 사서 1,355원에 팔 수 있으므로 선물 거래를 통해 1천만 원의 이익을 얻어 현물 거래에서의 손실을 보전할 수 있게 된다.

외환 거래	환율 변동에 의한 손익 산출	손익
현물	− 50원(1,300원 − 1,350원) × 20만 달러	− 1,000만 원
선물	50원(1,355원 − 1,305원) × 20만 달러	1,000만 원

⟨표⟩ A사의 외환 거래로 인한 손익

반대로 미국에 상품을 수출하고 그 대금을 달러로 받는 기업의 경우 받은 달러의 가격이 떨어지면 손해이므로, 특정한 시점에 달러 선물을 팔기로 계약하여 선물의 가격 변동을 이용함으로써 손실에 대비하게 된다.

㉠선물이 자산 가격의 변동으로 인한 손실에 대비하기 위해 약정한 시점에 약정한 가격으로 사거나 팔기로 한 것이라면, 그 약정한 시점에 사거나 파는 것을 선택할 수 있는 권리를 부여하는 계약이 있는데 이를 ㉡옵션(Option)이라고 한다. 계약을 통해 옵션을 산 사람은 약정한 시점, 즉 만기일에 상품을 사거나 파는 것이 유리하면 그 권리를 행사하고, 그렇지 않으면 그 권리를 포기할 수 있다. 그런데 포기하면 옵션 계약을 할 때 지불했던 옵션 프리미엄이라는 일종의 계약금도 포기해야 하므로 그 금액만큼의 손실은 발생한다. 만기일에 약정한 가격으로 상품을 살 수 있는 권리를 콜옵션, 상품을 팔 수 있는 권리를 풋옵션이라고 한다. 콜옵션을 산 사람은 상품의 가격이 애초에 옵션에서 약정한 것보다 상승하게 되면, 그 권리 행사를 통해 가격 변동 폭만큼 이익을 보게 되고 이 콜옵션을 판 사람은 그만큼의 손실을 보게 된다. 마찬가지로 풋옵션을 산 사람은 상품의 가격이 애초에 옵션에서 약정한 것보다 하락하게 되면, 그 권리 행사를 통해 가격 변동 폭만큼 이익을 보게 되고 이 풋옵션을 판 사람은 그만큼의 손실을 보게 된다.

선물이나 옵션은 상품의 가격 변동에서 오는 손실을 줄여 시장의 안정성을 높이고자 하는 취지에서 만들어진 것이다. 하지만 이것이 시장 내에서 손실 그 자체를 줄이는 것은 아니고 새로운 부가가치를 창출하는 것도 아니다. 또한 위험을 무릅쓰고 높은 수익을 노리고자 하는 투기를 조장한다는 점에서 오히려 시장의 안정성을 저해한다는 비판도 제기되고 있다.

9. [A]의 거래 방식을 바르게 평가한 사람은?

① 甲 : 안정된 소득을 거래 당사자 모두에게 보장해 주기 위한 것이군.
② 乙 : 상품의 수요와 공급이 불균형한 상태를 극복하기 위한 경제 활동인 것이군.
③ 丙 : 가격 변동에 따른 위험 부담을 거래 당사자의 어느 한쪽에 전가하는 것이군.
④ 丁 : 서로의 이익을 극대화하기 위해 거래 당사자 간에 손실을 나누어 가지는 것이군.

10. ㉠과 ㉡에 대한 설명으로 적절하지 않은 것은?

① ㉠은 ㉡과 달리 가격 변동의 폭에 따라 손익의 규모가 달라진다.
② ㉡은 ㉠과 달리 약정한 상품에 대한 매매의 실행 여부를 선택할 수 있다.
③ ㉡은 ㉠의 거래로 인해 발생하는 손실에 대비하기 위해 활용될 수 있다.
④ ㉠과 ㉡은 모두 계약 시점과 약정한 상품을 매매할 수 있는 시점이 서로 다르다.

제 02 회 모의고사

11. 다음 (가)~(다)에 공통으로 나타나는 설명 방식이 사용된 문장은?

(가) 호랑이는 가축을 해치고 사람을 다치게 하는 일이 많았던 모양이다. 그래서 설화 중에는 사람이나 가축이 호랑이한테 해를 당하는 이야기가 많이 있다. 사냥을 하던 아버지가 호랑이에게 해를 당하자 아들이 원수를 갚기 위해 그 호랑이와 싸워 이겼다는 통쾌한 이야기가 있는가 하면, 밤중에 변소에 갔던 신랑이 호랑이한테 물려 가는 것을 본 신부가 있는 힘을 다하여 호랑이의 꼬리를 붙잡고 매달려 신랑을 구했다는 이야기도 있다. 이러한 이야기들은 호랑이의 사납고 무서운 성질을 바탕으로 하여 꾸며진 것이다.

(나) 설화 속에서 호랑이는 산신 또는 산신의 사자로 나타나기도 하고, 구체적인 설명 없이 신이한 존재로 나타나기도 한다. '효녀와 산신령'이야기에서 산신령은 호랑이의 모습으로 나타나, 겨울철 눈 속에서 병든 어머니께 드릴 잉어를 찾는 소녀에게 잉어를 잡아 준다. 또한 '장화홍련전'에서 계모의 아들 장쇠는 장화를 재촉하여 물에 빠지게 하고 돌아오는 길에 호랑이한테 물려 죽는데 이때의 호랑이는 징벌자 역할을 하고 있다.

(다) 설화 속에서 호랑이는 사람과 마찬가지로 따뜻한 정과 의리를 지니고 있는 것으로 타나기도 하는데, 인간의 효성에 감동한 호랑이 이야기가 많이 있다. 여름철에 홍시를 구하려는 효자를 등에 태워 홍시가 있는 곳으로 데려다 준 호랑이 이야기, 고개를 넘어 성묘 다니는 효자를 날마다 태워다 준 호랑이 이야기 등이 그 예다.

① 자동차는 엔진, 바퀴, 배기 장치 등으로 구성된다.
② 지문은 손가락 안쪽 끝에 있는 皮膚의 무늬나 그것이 남긴 흔적을 말한다.
③ 지구의 기온이 상승하면 남극과 북극의 빙하가 녹게 되어 해수면이 상승한다.
④ 한국의 철새 중 여름새의 대표적인 예로는 뻐꾸기, 꾀꼬리, 백로, 제비 등이 있다.

12. 다음은 K은행에서 판매하는 일부 금융상품의 대출대상을 나타낸 표이다. 보기에 나와 있는 경수에게 적당한 상품은 무엇인가?

상품명	대출대상
우수고객 인터넷 무보증 신용대출	K은행 PB고객 및 가족 고객
예·적금/신탁 담보대출	K은행 인터넷뱅킹 가입자로서 본인 명의의 예·적금/신탁을 담보로 인터넷뱅킹 상에서 대출을 받고자 하는 고객
신나는 직장인 대출	공무원, 사립학교 교직원, 당행이 선정한 우량기업에 3개월 이상 정규직으로 재직 중인 급여소득자. 단, 당행 여신취급제한자 제외
K 튼튼 직장인 대출	• K은행에서 선정한 대기업, 중견기업, 금융기관 등에 6개월 이상 재직하고 있는 고객 • 연간 소득 3천만 원 이상인 고객 (단, K은행의 여신취급제한자에 해당하는 고객은 제외됨)
샐러리맨 우대대출	• 일반기업체에 정규직 급여소득자로 1년 이상 재직하고 있는 고객. 단, 사업주 및 법인대표자 제외 • 연간 소득이 2,000만 원 이상인 고객

〈보기〉
경수는 인공지능을 연구하는 조그마한 회사에 다니는 직장인으로 어느덧 회사에 정규직으로 입사한 지 1년 6개월이 되었다. 그가 다니는 회사는 이제 막 성장한 소규모 회사로 그는 현재 대기업에 입사한 친구들보다 훨씬 적은 연봉 2,400만 원을 받고 있다.

① 예·적금/신탁 담보대출
② 신나는 직장인 대출
③ K 튼튼 직장인 대출
④ 샐러리맨 우대대출

제 02 회 모의고사

【13 ~ 14】 다음은 K은행에서 실시하고 있는 해외송금서비스에 대한 상품설명서 중 거래조건에 관한 내용이다. 물음에 답하시오.

<거래조건>

구분	내용		
가입대상	당행을 거래외국환은행으로 지정한 실명의 개인(외국인 포함)		
송금항목 및 송금한도	송금항목	건당 한도	연간 한도
	거주자 지급증빙서류 미제출 송금	3만 불	5만 불
	유학생 또는 해외체재비 송금	5만 불	제한 없음
	외국인(비거주자) 국내 보수 송금 등	3만 불	5만 불 또는 한도등록금액 이내
인출계좌	원화 입출식 보통예금(해외송금전용통장)		
처리기준	송금처리일	영업일	비영업일
	출금시간	10시, 12시, 14시, 16시, 19시	익 영업일 10시
	출금금액	• 각 처리시간 송금전용통장의 잔액 전체(송금액과 수수료를 합한 금액을 출금) • 송금전용통장에 잔액이 10만 원 미만인 경우 송금 불가	
	적용환율	출금 당시 당행 고시 전신환매도율	
	※ 매 영업일 19시 출금 건에 대한 송금처리는 익영업일 10시에 처리됨		
기타	• 건당 한도 초과 입금 시에는 한도금액 이내로 송금되며 초과 입금분은 다음 처리 시간에 잔액에 합산하여 해외송금 처리 • 송금전용계좌 지급정지 및 압류, 송금한도 초과, 송금정보 오류 시 송금불가		

13. 경진은 유학차 외국에 나가있는 아들을 위해 용돈을 보내주려고 한다. 위의 해외송금서비스를 이용할 경우 그녀는 건당 최대 얼마까지 보낼 수 있는가? (단, 화폐 단위는 만 불이다.)

① 1만 불
② 2만 불
③ 3만 불
④ 5만 불

14. 경진은 4월 9일 토요일에 외국으로 유학을 간 아들에게 용돈을 보내주기 위해 돈을 송금하려고 했지만 집안일로 인해 19시가 되어서야 겨우 송금을 할 수 있었다. 이 경우 경진의 송금액은 언제 출금되는가?

① 4월 9일 19시
② 4월 10일 10시
③ 4월 10일 12시
④ 4월 11일 10시

15. 제시된 글에서 언급하지 않은 내용은 무엇인가?

　회화 작품에는 점, 선, 면, 형태, 색채와 같은 조형 요소와 통일성, 균형, 비례와 같은 조형 원리들이 다양하게 어우러져 있다. 이들은 감상자에게 시각적으로 작용함은 물론 심리적으로도 영향을 미칠 수 있다. 회화의 조형 원리 중 하나인 통일성은 화면의 여러 조형 요소들에 일관성을 부여하여 질서를 갖추게 하는 원리를 말한다.
　회화의 통일성은 시각적인 것과 지적인 것으로 나눌 수 있다. 시각적 통일성이란 눈으로 볼 수 있는 각 조형 요소들 사이에 존재하는 유사성이나 규칙성 등을 통해 통일성을 이루는 것을 의미한다. 이는 작품을 보는 순간 느낄 수 있는 직접적인 것으로 형태나 색채 등의 시각적인 조형 요소들로 표현된다. 지적 통일성이란 주제와 관련된 의미나 개념이 통일성을 이루는 것을 말한다. 즉 사고를 통해 알 수 있는 개념적인 것들이 주제와 연관성을 가지는 통일성을 의미한다. 시각적인 일치를 이루고 있지는 않더라도 특정 주제에 대해 그와 관련된 것들로 그림을 완성하였다면 이는 지적 통일성을 이루고 있다고 말할 수 있다. 따라서 시각적인 통일성이 조형 요소의 형식적 질서라면, 지적인 통일성은 내용에 대한 질서라고 할 수 있다.
　통일성을 구현하기 위해서 보편적으로 인접, 반복, 연속 등의 방법이 사용된다. 인접은 각각 분리된 요소들을 가까이 배치해 서로 관계를 맺고 있는 것처럼 보이게 만드는 방법이다. 밤하늘에서 별자리를 찾는 일도 몇몇 특정한 별들을 인접시켜 해석함으로써 형상에 따라 의미를 부여한 것이고 문자를 인접시켜 단어를 만드는 것도 통일성의 질서를 이용한 것이라 할 수 있다. 반복은 부분적인 것들을 반복시켜 작품 전체에 통일성을 부여하는 방법이다. 반복되는 것에는 색깔이나 형태, 질감은 물론이고 방향이나 각도 등 여러 가지가 있을 수 있다. 마지막으로 연속은 어떤 대상에서 다른 대상으로 연관을 갖고 이어지게 하여 통일성을 구현하는 방법이다. 연관된 것들을 보게 되면 우리의 눈길은 어떤 것에서 연관된 그 다음의 것으로 자연스럽게 옮겨 가게 된다. 시각적으로는 형태나 색채 등이 화면에서 연관되는 것을 의미하고, 지적으로는 주제와 관련된 의미나 개념이 서로 연결되며 이어지는 것을 말한다. 이는 주제와 관련된 대상들을 연속적이고 유기적으로 배열하여 작품 전체에 통일성을 부여하는 것이다.
　통일성은 작품에서 주제를 구현하는 중요한 조형 원리이다. 회화에서 통일성의 원리를 바탕으로 작품을 감상하는 것이 중요한 이유는 작품 속의 다양한 조형 요소와 그 조형 요소들이 이루는 일관된 질서를 바탕으로 작품을 감상했을 때 감상자는 작가가 의도한 작품의 의미에 한발 더 다가서서 작품의 의미를 이해할 수 있기 때문이다.

① 회화에서 통일성의 개념
② 회화에서 통일성의 종류
③ 회화의 통일성을 구현하는 방법
④ 회화에서 통일성을 잘 구현한 작가들의 작품

16. 제시문의 제목으로 가장 적절한 것은?

　이동이 자본의 중요한 특징이 된 지금 노마디즘에서 특히 중요한 것은 '유목'과 '이동'을 혼동하지 않는 것이다. 정착민도 이동을 하며, 유목민도 멈춘다. 차이는 정착민의 이동이 어떤 목적지(멈춤)에 종속되어 있다면, 유목민에게 멈춤이란 이동의 궤적 안에서 잠시 머무는 것이란 점에서 이동에 종속되어 있다는 것이다. 그렇기에 우리는 휴대폰, 노트북 컴퓨터 등을 갖고 "세계는 넓고 갈 곳은 많다"고 자동차로 비행기로 돌아다니지만, 마음은 언제나 돈이나 자기 가족에 매여 있는 자를 유목민이라고 하지 않는다. 반면 여행도 잘 다니지 않지만, 멈추지 않는 사유로 자신이 구축한 영토마저 떠나는 사상가는 유목민이란 정의에 정확하게 부합한다.
　더구나 들뢰즈·가타리는 '이주민'과 '유목민'또한 구별한다. 이주민이란 어느 영토에 이주하여 그 영토를 이용하며 살지만 그 영토가 불모가 되면 버리고 떠나는 자들이다. 반면 유목민은 불모가 된 땅(초원이나 사막, 혹은 사회주의 붕괴 이후의 마르크스주의 같은…)을 떠나지 않고 오히려 거기서 살아가는 법을 창안하는 자들이다. 그래서 나는 정착민이란 성공에 안주하는 자라면 유목민은 성공을 버릴 줄 아는 자고, 이주민이란 실패를 쉽게 떠나는 자라면 유목민이란 실패와 대결하며 새로이 길을 찾아내는 자들이라고 이해한다.

① 노마디즘의 본질
② 들뢰즈·가타리의 철학
③ 유목민의 역사적 연원
④ 유목민과 정착민의 차이

17. 다음 패스워드 생성규칙에 대한 글을 참고할 때, 권장규칙에 따른 가장 적절한 패스워드로 볼 수 있는 것은?

　패스워드를 설정할 때에는 한국인터넷진흥원의 『암호이용안내서』의 패스워드 생성규칙을 적용하는 것이 안전하다. 또한 패스워드 재설정/변경 시 안전하게 변경할 수 있는 규칙을 정의해서 적용해야 한다. 다음은 『암호이용안내서』의 패스워드 생성규칙에서 규정하고 있는 안전하지 않은 패스워드에 대한 사례이다.

• 패턴이 존재하는 패스워드
　- 동일한 문자의 반복
　　ex) aaabbb, 123123
　- 키보드 상에서 연속한 위치에 존재하는 문자들의 집합
　　ex) qwerty, asdfgh
　- 숫자가 제일 앞이나 제일 뒤에 오는 구성의 패스워드
　　ex) security1, may12
• 숫자와 영단어를 서로 교차하여 구성한 형태의 패스워드
• 영문자 'O'를 숫자 '0'으로, 영문자 'i'를 숫자 '1'로 치환하는 등의 패스워드
• 특정 인물의 이름을 포함한 패스워드 : 사용자 또는 사용자 이외의 특정 인물, 유명인, 연예인 등의 이름을 포함하는 패스워드
• 한글발음을 영문으로, 영문단어의 발음을 한글로 변형한 형태의 패스워드 : 한글의 '사랑'을 영어 'SaRang'으로 표기, 영문자 'LOVE'의 발음을 한글 '러브'로 표기

① jaop&*012
② s5c6h7o8o9l0
③ B00K사랑
④ apl52@새95!?

【18 ~ 19】 다음의 말이 전부 참일 때 항상 참인 것을 고르시오.

18.

> • A는 B의 딸이다.
> • E와 G는 부부이다.
> • F는 G의 친손녀이다.
> • E는 D의 엄마이다.
> • C는 A와 D의 아들이다.

① B는 C의 외할머니이다.
② F와 C는 남매이다.
③ B와 E는 사돈지간이다.
④ D의 성별은 여자이다.

19.

> • 책 읽는 것을 좋아하는 사람은 집중력이 높다.
> • 성적이 좋지 않은 사람은 집중력이 높지 않다.
> • 미경이는 1학년 5반이다.
> • 1학년 5반의 어떤 학생은 책 읽는 것을 좋아한다.

① 미경이는 책 읽는 것을 좋아한다.
② 미경이는 집중력이 높지 않다.
③ 미경이는 성적이 좋다.
④ 1학년 5반의 어떤 학생은 집중력이 높다.

20. 다음과 같은 팀 내 갈등을 원만하게 해결하기 위하여 팀원들이 함께 모색해 보아야 할 사항으로 가장 적절하지 않은 것은?

> 평소 꼼꼼하고 치밀하며 안정주의를 지향하는 성격인 정 대리는 위험을 감수하거나 모험에 도전하는 일만큼 우둔한 것은 없다고 생각한다. 그런 성격 덕분에 정 대리는 팀 내 경비 집행 및 예산 관리를 맡고 있다. 한편, 정 대리와 입사동기인 남 대리는 디테일에는 다소 약하지만 진취적, 창조적이며 어려운 일에 도전하여 뛰어난 성과를 달성하는 모습을 자신의 장점으로 가지고 있다. 두 사람은 팀의 크고 작은 업무 추진에 있어 주축을 이뤄가며 조화로운 팀을 꾸려가는 일에 늘 앞장을 서 왔지만 왠지 최근 들어 자주 부딪히는 모습이다. 이에 다른 직원들까지 업무 성향별로 나뉘는 상황이 발생하여 팀장은 큰 고민에 빠져있다. 다음 달에 있을 중요한 프로젝트 추진을 앞두고, 두 사람의 단결된 힘과 각자의 리더십이 필요한 상황이다.

① 각각의 주장을 검토하여 잘못된 부분을 지적하고 고쳐주는 일
② 어느 한쪽으로도 치우치지 않고 중립을 지키는 일
③ 차이점보다 유사점을 파악하도록 돕는 일
④ 다른 사람들을 참여시켜서 개방적으로 토의하게 하는 일

제 02 회 모의고사

21. '경영참가제도'는 노사협의제, 이윤분배제, 종업원지주제 등의 형태로 나타난다. 다음에 제시된 항목 중, 이러한 경영참가제도가 발전하게 된 배경으로 보기 어려운 두 가지가 알맞게 짝지어진 것은?

> ㉠ 근로자들의 경영참가 욕구 증대
> ㉡ 노동조합을 적대적 존재로서가 아니라 파트너로서 역할을 인정하게 된 사용자 측의 변화
> ㉢ 노동조합의 다양한 기능의 점진적 축소
> ㉣ 기술혁신과 생산성 향상
> ㉤ 근로자의 자발적, 능동적 참여가 사기와 만족도를 높이고 생산성 향상에 기여하게 된다는 의식이 확산됨
> ㉥ 노사 양측의 조직규모가 축소됨에 따라 기업의 사회적 책임의식이 약해짐

① ㉠㉢
② ㉡㉥
③ ㉢㉥
④ ㉣㉥

22. 다음 글의 '직무순환제'와 연관성의 높은 설명에 해당하는 것은?

> 기업은 합법적인 이윤 추구 활동 이외에 자선·교육·문화·체육 활동 등 사회에 긍정적 영향을 미치는 책임 있는 활동을 수행하기도 한다. 이처럼 기업이 사회적 책임을 수행하는 이유는 _____.

〈보기〉
㉠ 기업은 국민의 대리인으로서 공익 추구를 주된 목적으로 하기 때문이다.
㉡ 기업의 장기적인 이익 창출에 기여할 수 있기 때문이다.
㉢ 법률에 의하여 강제된 것이기 때문이다.
㉣ 환경 경영 및 윤리 경영의 가치를 실현할 수 있기 때문이다.

① ㉠㉡
② ㉡㉢
③ ㉡㉣
④ ㉢㉣

23. 다음의 설명은 물적 자원 활용 방해요인 중 무엇에 해당하는가?

> 물적 자원은 계속해서 사용할 수 있는 것이 아니다. 사용할 수 있는 기간이 정해져 있기 때문에 보유하고 있는 물건을 적절히 관리하여 고장이 나거나 훼손되지 않도록 하여야 한다. 물적 자원은 관리를 제대로 하지 못하면 훼손이 되어 활용할 수 없게 되고 또 그렇게 되면 새로 구입하여야 한다. 관리를 제대로 하였다면 사용할 수 있는 자원을 새로 구입하면 경제적 손실도 가져오게 되는 것이다.

① 보관 장소를 파악하지 못한 경우
② 훼손 및 파손된 경우
③ 분실한 경우
④ 구입하지 않은 경우

제 02 회 모의고사

24. 다음의 빈칸에 들어갈 말을 순서대로 나열한 것은?

조직의 (㉠)은/는 조직 내의 부문 사이에 형성된 관계로 조직목표를 달성하기 위한 조직구성원들의 상호작용을 보여준다. 이는 결정권의 집중정도, 명령계통, 최고경영자의 통제, 규칙과 규제의 정도에 따라 달라지며 구성원들의 업무나 권한이 분명하게 정의된 기계적 조직과 의사결정권이 하부구성원들에게 많이 위임되고 업무가 고정적이지 않은 유기적 조직으로 구분될 수 있다.

(㉡)은/는 이를 쉽게 파악할 수 있고 구성원들의 임무, 수행하는 과업, 일하는 장소 등을 파악하는 데 용이하다. 한편 조직이 지속되게 되면 조직구성원들 간 생활양식이나 가치를 공유하게 되는데 이를 조직의 (㉢)라고 한다. 이는 조직구성원들의 사고와 행동에 영향을 미치며 일체감과 정체성을 부여하고 조직이 (㉣)으로 유지되게 한다. 최근 이에 대한 중요성이 부각되면서 긍정적인 방향으로 조성하기 위한 경영층의 노력이 이루어지고 있다.

	㉠	㉡	㉢	㉣
①	구조	조직도	문화	안정적
②	목표	비전	규정	체계적
③	미션	핵심가치	구조	혁신적
④	직급	규정	비전	단계적

| 25 ~ 26 | 다음 甲기업의 〈결재규정〉를 보고 이어지는 물음에 답하시오.

〈결재규정〉

- 결재를 받으려는 업무에 대해서는 최고결재권자(사장)를 포함한 이하 직책자의 결재를 받아야 한다.
- '전결'이라 함은 회사의 경영활동이나 관리활동을 수행함에 있어 의사 결정이나 판단을 요하는 일에 대하여 최고결재권자의 결재를 생략하고, 자신의 책임 하에 최종적으로 의사 결정이나 판단을 하는 행위를 말한다.
- 전결사항에 대해서도 위임받은 자를 포함한 이하 직책자의 결재를 받아야 한다.
- 표시내용 : 결재를 올리는 자는 최고결재권자로부터 전결사항을 위임받은 자가 있는 경우 결재란에 전결이라고 표시하고 결재가 불필요한 직책자의 결재란은 상향대각선으로 표시한다.
- 최고결재권자의 결재사항 및 최고결재권자로부터 위임된 전결사항은 아래의 표에 따른다.

〈전결규정〉

구분	내용	금액기준	결재서류	팀장	본부장	사장
출장비	출장유류비, 출장식대비	30만 원 이하	출장계획서, 청구서	■	●	
		30만 원 초과			■	●
교육비	교육비, 외부교육비 포함	50만 원 이하	기안서, 법인카드신청서	●■		
		50만 원 초과			●■	
접대비	영업처 식대비, 문화접대비	40만 원 이하	접대비지출품의서, 지출결의서	■	●	
		40만 원 초과		■		●
경조사비	직원 경조사비	20만 원 이하	기안서, 경조사비지출품의서		●■	
		20만 원 초과			■	

● : 지출결의서, 법인카드신청서, 각종 신청서 및 청구서
■ : 기안서, 출장계획서, 접대비지출품의서, 경조사비지출품의서

25. 다음은 위 결재규정을 바르게 이해하지 못한 것은?

① 영업팀 강 사원은 영업처 식대비로 50만 원 상당의 접대비지출품의서를 팀장님께 결재받았다.
② 서비스팀장은 시간당 20만 원을 지불해야 하는 강사를 초청하여 3시간 교육을 받을 예정이며 기안서를 작성해 본부장님께 최종 결재를 받았다.
③ 보험회계팀 윤 대리는 35만 원을 상당의 문화접대비 지출결의서를 본부장님께 결재를 받았다.
④ 주문관리팀 이 사원의 부친상으로 법인카드신청서와 지출결의서를 본부장님께 최종 전결 받았다.

26. 기획팀 사원인 슬기 씨는 지방출장으로 유류비 10만 원과 식대비 30만 원을 지불하였다. 다음의 결재규정에 따라 슬기 씨가 작성한 결재 양식으로 옳은 것은?

①
출장계획서				
결재	담당	팀장	본부장	최종결재
	슬기	전결		팀장

②
출장계획서				
결재	담당	팀장	본부장	최종결재
	슬기		전결	본부장

③
출장계획서				
결재	담당	팀장	본부장	최종결재
	슬기		전결	사장

④
청구서				
결재	담당	팀장	본부장	최종결재
	슬기	전결		팀장

27. 매트릭스 조직에 대한 설명으로 옳은 것은?

① 이중적인 명령 체계를 갖고 있다.
② 시장의 새로운 변화에 유연하게 대처하기 어렵다.
③ 기능적 조직과 사업부제 조직을 결합한 형태이다.
④ 단일 제품을 생산하는 조직에 적합한 형태이다.

28. 다음에서 설명하고 있는 조직의 원리로 옳은 것은?

> 한 사람의 상관이 감독하는 부하의 수는 그 상관의 통제 능력 범위 내에 한정되어야 한다는 원리

① 계층제의 원리
② 통솔범위의 원리
③ 명령통일의 원리
④ 조정의 원리

제 02 회 모의고사

|29 ~ 30| 다음은 H사의 〈조직도〉 및 〈전결규정〉의 일부를 나타낸 것이다. 각 물음에 답하시오.

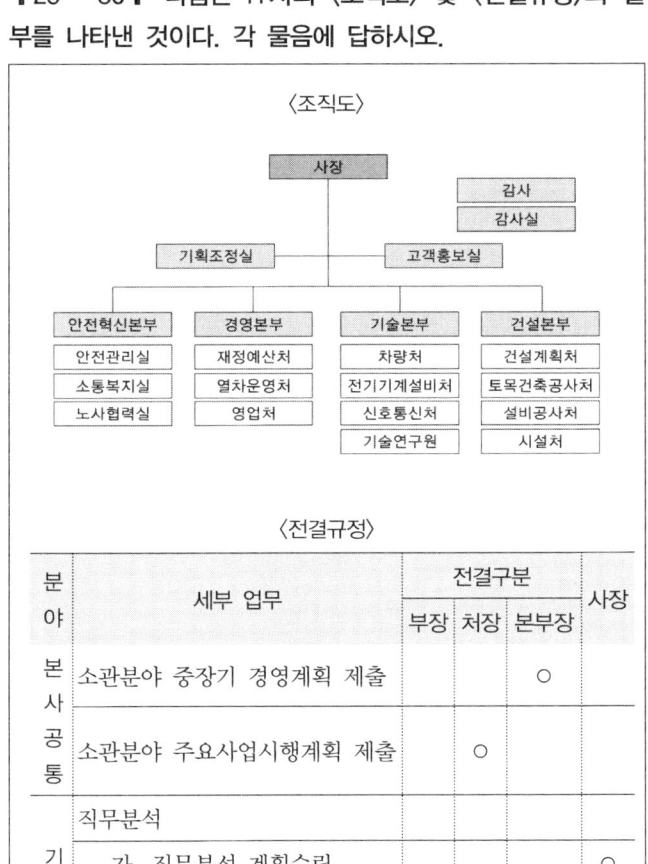

29. 위 조직도를 보고 잘못 이해한 것은?

① 기획 업무와 경영 업무를 관장하는 조직이 따로 구분되어 있다.
② 노사협력에 대한 업무는 경영본부 소관이다.
③ 감사 임원의 임명권은 H사 사장에게 있지 않을 것이다.
④ 기획조정실, 고객홍보실에는 하부 조직이 구성되어 있지 않다.

30. 다음 각 H사 조직원들의 업무처리 내용 중 적절한 것은?

① 안전관리실 직원 A는 이번 달의 월간 안전점검 계획수립 및 결과 보고서를 작성한 후, 처장님의 결재를 얻었고, 이제 본부장님의 결재를 기다리고 있다.
② 기획조정실 실장 B는 올해 초 마친 H사 내 직무분석 업무에서 '계획수립' 보고서에 대해서만 결재하면 되었다.
③ H사 사장 C는 '고객만족경영 결과 보고서'에는 결재했지만, 고객홍보실 주요사업시행계획에 대해선 고객홍보실장의 보고만 받았다.
④ 안전혁신본부장 D가 결재해야 할 보고서는 '연간 안전점검계획 수립'에 대한 건뿐이다.

제 02 회 모의고사

31. 신입사원 교육을 받으러 온 직원들에게 나눠준 조직도를 보고 사원들이 나눈 대화이다. 다음 중 조직도를 올바르게 이해한 사원을 모두 고른 것은?

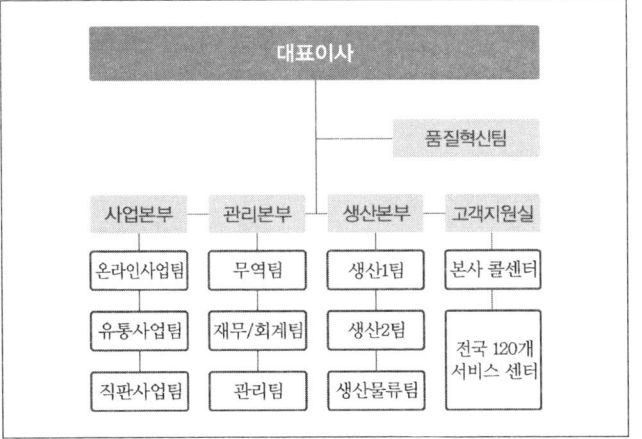

A : 조직도를 보면 본사는 3개 본부, 1개 지원실, 콜센터를 포함한 총 10개 팀으로 구성되어 있군.
B : 그런데 품질혁신팀은 따로 본부에 소속되어 있지 않고 대표이사님 직속으로 소속되어 있네.
C : 전국의 서비스센터는 고객지원실에서 관리해.

① A
② B
③ A, C
④ B, C

32. K사의 생산 제품은 다음과 같은 특징을 갖고 있다. 이 경우 K사가 취할 수 있는 경영전략으로 가장 적절한 것은?

- 다수의 소규모 업체들이 경쟁하며 브랜드의 중요성이 거의 없다.
- 특정 계층의 구분 없이 동일한 제품이 쓰인다.
- 생산 방식과 공정이 심플하다.
- 지속적으로 사용해야 하는 소모품이다.
- 대중들에게 널리 보급되어 있다.
- 특별한 기술력이 요구되지 않는다.
- 제품 생산 노하우가 공개되어 있다.

① 차별화 전략
② SNS 전략
③ 집중화 전략
④ 원가우위 전략

33. 다음과 관련된 개념은 무엇인가?

조직이 지속되면서 조직구성원들 간에 공유되는 생활양식이나 가치로 조직구성원들의 사고와 행동에 영향을 미치며 일체감과 정체성을 부여하고 조직이 안정적으로 유지되게 한다. 최근 조직문화에 대한 중요성이 부각되면서 긍정적인 방향으로 조성하기 위한 경영층의 노력이 이루어지고 있다.

① 조직의 규칙
② 조직문화
③ 조직목표
④ 조직구조

제 02 회 모의고사

|34 ~ 35| 다음 조직도를 보고 물음에 답하시오.

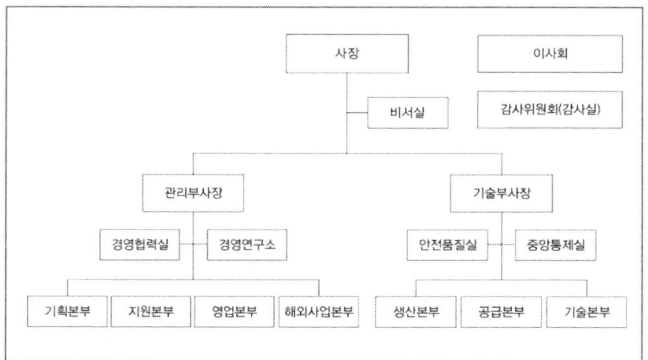

34. 위 조직도에 대한 설명으로 적합하지 않은 것은?

① 위와 같은 조직구조의 형태를 '기능적 조직구조'라고 한다.
② 산하 조직의 수가 더 많은 관리부사장이 기술부사장보다 강력한 권한과 지위를 갖는다.
③ 일반적으로 위와 같은 형태의 조직구조는 급변하는 환경 변화에 효과적으로 대응하고 제품, 지역, 고객별 차이에 신속하게 적응하기에 적절한 구조가 아니다.
④ 위와 같은 조직도를 통해 조직에서 하는 일은 무엇이며, 조직구성원들이 어떻게 상호작용하는지 파악할 수 있다.

35. 조직 및 인적 구성을 한눈에 알 수 있게 해 주는 위와 같은 조직도를 참고할 때, 하위 7개 본부 중 '인사노무처'와 '자원기술처'라는 명칭의 조직이 속한다고 볼 수 있는 본부로 가장 적절한 것은?

① 지원본부, 기술본부
② 지원본부, 생산본부
③ 기획본부, 생산본부
④ 기획본부, 공급본부

36. 다음 '갑' 기업과 '을' 기업에 대한 설명 중 적절하지 않은 것은?

> '갑' 기업은 다양한 사외 기관, 단체들과의 상호 교류 등 업무가 잦아 관련 업무를 전담하는 조직이 갖춰져 있다. 전담 조직의 인원이 바뀌는 일은 가끔 있지만, 상설 조직이 있어 매번 발생하는 유사 업무를 효율적으로 수행한다.
> '을' 기업은 사내 당구 동호회가 구성되어 있어 동호회에 가입한 직원들은 정기적으로 당구장을 찾아 쌓인 스트레스를 풀곤 한다. 가입과 탈퇴가 자유로우며 당구를 좋아하는 직원은 누구든 참여가 가능하다. 당구 동호회에 가입한 직원은 직급이 아닌 당구 실력으로만 평가받으며, 언제 어디서 당구를 즐기든 상사의 지시를 받지 않아도 된다.

① '갑' 기업 상설 조직의 임무는 보통 명확하지 않고 즉흥적인 성격을 띤다.
② '을' 기업 당구 동호회는 공식적인 임무 이외에 다양한 요구들에 의해 구성되는 경우가 많다.
③ '갑' 기업 상설 조직의 구성원은 인위적으로 참여한다.
④ '을' 기업 당구 동호회의 활동은 자발적이며 행위에 대한 보상은 '즐거움' 또는 '보람'이다.

37. 조직문화의 중요성에 대한 내용으로 옳지 않은 것은?

① 조직문화는 기업의 전략수행에 영향을 미친다.
② 조직구성원을 사회화하는 데 영향을 미친다.
③ 신기술을 도입하거나 통합하는 경우에 영향을 미친다.
④ 조직 내 집단 간 갈등에 영향을 미치지 않는다.

38. 다음은 A사의 임직원 행동지침의 일부이다. 이에 대한 설명으로 가장 옳지 않은 것은?

> 제○○조(외국 업체 선정을 위한 기술평가위원회 운영)
> 1항. 외국 업체 선정을 위한 기술평가위원회 운영이 필요한 경우 기술평가위원 위촉 시 부패행위 전력자 및 당사 임직원 행동강령 제5조 제1항 제2호 및 제3호에 따른 이해관계자를 배제해야 하며, 기술평가위원회 활동 중인 위원의 부정행위 적발 시에는 해촉하도록 한다.
> 2항. 외국 업체 선정을 위한 기술평가위원회 위원은 해당 분야 자격증, 학위 소지여부 등에 대한 심사를 엄격히 하여 전문성을 가진 자로 선발한다.
> 3항. 계약 관련 외국 업체가 사전로비를 하는 것을 방지하기 위하여 외국 업체 선정을 위한 기술평가위원회 명단을 공개하는 것을 금지한다.
> 4항. 외국 업체 선정을 위한 기술평가위원회를 운영할 경우 위원의 제척, 기피 및 회피제를 포함하여야 하며, 평가의 공정성 및 책임성 확보를 위해 평가위원으로부터 청렴서약서를 징구한다.
> 5항. 외국 업체 선정을 위한 기술평가위원회를 개최하는 경우 직원은 평가위원의 발언 요지, 결정사항 및 표결내용 등의 회의결과를 기록하고 보관해야 한다.

① 기술평가위원의 발언과 결정사항 등은 번복이나 변경을 방지하고자 기록된다.
② 기술평가위원이 누구인지 내부적으로는 공개된다.
③ 이해관계에 의한 불공정 평가는 엄정히 방지된다.
④ 기술평가위원에게 해당 분야의 전문성은 필수조건이다.

39. 다음 설명을 참고할 때, '차별화 전략'의 단점으로 가장 거리가 먼 것은?

> 조직의 경영전략은 경영자의 경영이념이나 조직의 특성에 따라 다양하다. 이 중 대표적인 경영전략으로 마이클 포터(Michael E. Porter)의 본원적 경쟁전략이 있다. 본원적 경쟁전략은 해당 사업에서 경쟁우위를 확보하기 위한 전략이며 차별화 전략, 집중화 전략, 원가우위 전략이 이에 속한다.
> 차별화 전략은 조직이 생산품이나 서비스를 차별화하여 고객에게 가치가 있고 독특하게 인식되도록 하는 전략이다. 이러한 전략을 활용하기 위해서는 연구개발이나 광고를 통하여 기술, 품질, 서비스, 브랜드 이미지를 개선할 필요가 있다.

① 많은 비용이 수반된다.
② 비차별화 전략에 비해 시장을 세분화해야 하는 어려움이 있다.
③ 다양한 상품 개발에 따라 상품 원가가 높아질 수 있다.
④ 과도한 가격경쟁력 확보를 추진할 경우 수익구조에 악영향을 끼칠 수 있다.

40. 다음 ㉠~㉥ 중 조직 경영에 필요한 요소에 대한 설명을 모두 고른 것은?

> ㉠ 조직의 목적 달성을 위해 경영자가 수립하는 것으로 보다 구체적인 방법과 과정이 담겨있다.
> ㉡ 조직에서 일하는 구성원으로, 경영은 이들의 직무수행에 기초하여 이루어지기 때문에 이들의 배치 및 활용이 중요하다.
> ㉢ 생산자가 상품 또는 서비스를 소비자에게 유통시키는 데 관련된 모든 체계적 경영활동이다.
> ㉣ 특정의 경제적 실체에 관해 이해관계에 있는 사람들에게 합리적이고 경제적인 의사결정을 하는 데 있어 유용한 재무적 정보를 제공하기 위한 것으로, 이러한 일련의 과정 또는 체계를 뜻한다.
> ㉤ 경영을 하는 데 사용할 수 있는 돈으로 이것이 충분히 확보되는 정도에 따라 경영의 방향과 범위가 정해지게 된다.
> ㉥ 조직이 변화하는 환경에 적응하기 위하여 경영활동을 체계화하는 것으로 목표달성을 위한 수단이다.

① ㉠㉢㉤
② ㉡㉢㉣
③ ㉠㉢㉣㉥
④ ㉠㉡㉤㉥

41. 기획팀 N 대리는 다음 달로 예정되어 있는 해외 출장 일정을 확정하려 한다. 다음에 제시된 글의 내용을 만족할 경우 N 대리의 출장 일정에 대한 보기의 설명 중 올바른 것은 어느 것인가?

> N 대리는 다음 달 3박4일 간의 중국 출장이 계획되어 있다. 회사에서는 출발일과 복귀 일에 업무 손실을 최소화 할 수 있도록 가급적 평일에 복귀하도록 권장하고 있고, 출장 기간에 토요일과 일요일이 모두 포함되는 일정은 지양하도록 요구한다. 이번 출장은 기획팀에게 매우 중요한 문제를 해결할 수 있는 기회가 될 수 있어 팀장은 N 대리의 복귀 바로 다음 날 출장 보고를 받고자 한다. 다음 달의 첫째 날은 금요일이며 마지막 주 수요일과 13일은 N 대리가 빠질 수 없는 업무 일정이 잡혀 있다.

① 금요일에 출장을 떠나는 일정도 가능하다.
② 팀장은 월요일이나 화요일에 출장 보고를 받을 수 있다.
③ N대리가 출발일로 잡을 수 있는 날짜는 모두 4개이다.
④ N대리는 마지막 주에 출장을 가게 될 수도 있다.

42. 다음에 주어진 조직의 특성 중 유기적 조직에 대한 설명을 모두 고른 것은?

> ㉠ 구성원들의 업무가 분명하게 규정되어 있다.
> ㉡ 급변하는 환경에 적합하다.
> ㉢ 비공식적인 상호의사소통이 원활하게 이루어진다.
> ㉣ 엄격한 상하 간의 위계질서가 존재한다.
> ㉤ 많은 규칙과 규정이 존재한다

① ㉠㉢
② ㉡㉢
③ ㉡㉤
④ ㉢㉣

43. 다음은 '기업의 직업윤리'의 중요성을 다루는 세미나에서 제공된 발표 자료의 일부이다. 이에 대한 설명으로 적절하지 않은 것은?

> 외국인 투자자들은 최근 한국 기업의 기업 윤리 행태에 대해 비판의 목소리를 높이고 있죠. 투자자의 신뢰를 배신한 한국 기업이라고 구체적으로 지칭하며, 이들에 대한 지분율을 낮추는 등 보유 주식을 대거 처분하고 있는 모습을 보이고 있습니다. 특히 가짜 백수오 사건으로 물의를 일으키는 N사가 대표적인데요. N사는 건강 기능성식품을 제조하면서 진짜 백수오가 아닌, 인체에 유해한 물질을 넣었었죠. 이 같은 사실이 공개되기 직전에 내부 임원들이 수십억 원대의 보유 주식을 매각한 사실까지 드러나면서 엄청난 비난이 쏟아지기도 했습니다.
> 이러한 행태에 분노한 외국인들은 N사의 주식을 대규모로 매각했고, 주가는 한 달 만에 82% 이상 폭락했죠. 문제는 N사와 같은 행태가 한국 기업 내에서 어렵지 않게 보인다는 것입니다. 국내 최대 자동차기업 중 하나인 Z사는 10조 원이 넘는 지출을 통해 부지를 매입했는데, 이것에 대해 외국인 투자자들은 비상식적인 경영 행위로 판단하고, 경영진에게 일침을 가하기도 했습니다.

① 투자자들은 기업의 경영 방침에 대해 지적하고 간섭할 권리가 있다.
② 한국 기업 경영진들은 종종 자신의 이득만을 위해 정보를 조작하는 등 투명하지 않은 모습을 보이기 때문에 국민들에게 비난의 대상이 되기도 한다.
③ 정보 통신의 발달로 인해 기업들의 정직하지 못한 행태가 쉽게 확인 가능하게 되면서, 기업의 공정에 대한 윤리의식이 기업의 성과에 매우 중요한 요인이 되고 있다.
④ 기업들은 브랜드 이미지를 관리하기 위해 SNS 모니터링, 홍보단 등을 구성하고 운영할 필요가 있다.

44. 다음 글을 읽고 A가 소속된 부서로 옳은 것은?

> A는 소속된 부서는 매주 월요일마다 직원들이 모여 경영계획에 대한 회의를 한다. 이번 안건은 최근 문제가 된 중장기 사업계획으로, 이를 종합하여 조정을 하거나 적절하게 예산수립을 하기 위해 의견을 공유하는 자리가 되었다. 더불어 오후에는 기존의 사업의 손익을 추정하여 관리 및 분석을 통한 결과를 부장님께 보고하기로 하였다.

① 총무부
② 인사부
③ 기획부
④ 회계부

45. 다음에서 알 수 있는 슈펭글러의 사례가 우리 사회에 발생하지 않도록 하기 위한 적절한 제도적 장치로 가장 거리가 먼 것은?

> 2000년대 초, 독일 카셀의 폭스바겐 공장에서 근무하던 슈펭글러는 믿을 수 없는 장면을 목격했다. 폭스바겐 내에서 공금 유용과 비용 부풀리기를 이용한 착복 등이 일어나고 있었던 것이다. 슈펭글러가 확인한 바에 따르면 이는 일부 몇몇 직원의 일탈이 아니라 노조까지 연루된 부패 사건이었다. 그는 이 사실을 직속 상사와 감사담당관, 경영진에게 알렸으나, 몇 해가 지나도록 그들은 묵묵부답이었다.
> 2003년, 회사에 알리는 것만으로는 이를 해결할 수 없다는 걸 깨달은 슈펭글러는 주주들과 감독이사회에 편지를 보내기에 이른다. 하지만 며칠 뒤 그가 받은 답변은 슈펭글러 자신의 해고 통지였다. 부정행위로 회사의 공금이 새고 있음을 고발한 대가는 가혹했다. 슈펭글러는 긴 시간 동안 법정 투쟁 속에 힘든 싸움을 이어가야 했으며, 수년 후에야 검찰 수사를 통해 슈펭글러가 고발한 사내 부패문제가 밝혀졌다.

① 직원의 신원은 확실히 보호되고 모든 제보가 진지하게 다루어지며 제기된 문제는 적절하게 조사된다는 내용이 명확하게 명시된 정책을 운영해야 한다.
② 개인의 불평불만과도 관련될 수 있으므로 인사부 직원을 중심으로 한 '고충신고라인' 등의 제도와 연계시키는 정책을 추진하여야 한다.
③ 조직 내의 모든 관리자와 직원은 물론 외부 이해관계자까지 포함하는 포괄적인 정책이 마련되어야 한다.
④ 고발 행위는 자발적인 행동이 아니라 의무가 돼야 하고 이 의무는 정책에서 분명하게 설명되어야 한다.

46. 甲회사 인사부에 근무하고 있는 H 부장은 각 과의 요구를 모두 충족시켜 신규직원을 배치하여야 한다. 각 과의 요구가 다음과 같을 때 홍보과에 배정되는 사람은 누구인가?

> 〈신규직원 배치에 대한 각 과의 요구〉
> • 관리과 : 5급이 1명 배정되어야 한다.
> • 홍보과 : 5급이 1명 배정되거나 6급이 2명 배정되어야 한다.
> • 재무과 : B가 배정되거나 A와 E가 배정되어야 한다.
> • 총무과 : C와 D가 배정되어야 한다.
>
> 〈신규직원〉
> • 5급 2명(A, B)
> • 6급 4명(C, D, E, F)

① A
② B
③ C와 D
④ E와 F

47. 다음은 자원관리 기본 과정을 순서대로 나열한 것은?

> (가) 이용 가능한 자원 수집하기
> (나) 계획대로 수행하기
> (다) 자원 활용 계획 세우기
> (라) 필요한 자원의 종류와 양 확인하기

① (다) - (라) - (가) - (나)
② (다) - (가) - (라) - (나)
③ (라) - (다) - (가) - (나)
④ (라) - (가) - (다) - (나)

48. 다음 중 책임감이 높은 사람의 특징으로 가장 거리가 먼 것은?

① 동료의 일은 자신이 알아서 해결하도록 간섭하지 않는다.
② 삶을 긍정적으로 바라보는 태도가 바탕이 된다.
③ 모든 결과는 나의 선택으로 말미암아 일어났다고 생각한다.
④ 누구의 잘못인지를 따지기 전에 어떤 상황에 있어서든 나는 문제해결의 주체라고 생각한다.

49. 다음은 A기관 민원실에 걸려 있는 전화 민원 응대 시 준수사항이다. 밑줄 친 ㉠ ~ ㉣ 중 전화 예절에 어긋나는 것은?

> • 전화는 항상 친절하고 정확하게 응대하겠습니다.
> • 전화는 전화벨이 세 번 이상 울리기 전에 신속하게 받겠으며, ㉠ 전화받은 직원의 소속과 이름을 정확히 밝힌 후 상담하겠습니다.
> • ㉡ 통화 중에는 고객의 의견을 명확히 이해하기 위하여 고객과의 대화를 녹취하여 보관하도록 하겠습니다.
> • 고객의 문의 사항에 대해서는 공감하고 경청하며, 문의한 내용을 이해하기 쉽게 충분히 설명하겠습니다.
> • 부득이한 사정으로 전화를 다른 직원에게 연결할 경우에는 먼저 고객의 양해를 구한 후 신속하게 연결하겠으며, ㉢ 통화 요지를 다른 직원에게 간략하게 전달하여 고객이 같은 내용을 반복하지 않도록 하겠습니다.
> • 담당 직원이 부재중이거나 통화 중일 경우에는 고객에게 연결하지 못하는 이유를 설명하고 ㉣ 유선 민원 접수표를 담당 직원에게 전달하여 빠른 시간 내에 연락드리겠습니다.
> • 고객의 문의 사항에 즉시 답변하기 어려울 때는 양해를 구한 후 관련 자료 등을 확인하여 신속히 답변 드리겠습니다.
> • 고객과 상담 종료 후에는 추가 문의 사항을 확인한 다음 정중히 인사하고, 고객이 전화를 끊은 후에 수화기를 내려놓겠습니다.
> • 직원이 고객에게 전화를 할 경우에는 본인의 소속과 성명을 정확히 밝힌 후에 답변 드리겠습니다.

① ㉠
② ㉡
③ ㉢
④ ㉣

50. 다음은 B공사의 윤리경영에 입각한 임직원 행동강령의 일부이다. 주어진 행동강령에 부합하는 설명이 아닌 것은?

> 제○○조(금품 등을 받는 행위의 제한)
> 1항. 임직원(배우자 또는 직계 존·비속을 포함한다.)은 직무관련자나 직무관련임직원으로부터 금전, 부동산, 선물, 향응, 채무면제, 취업제공, 이권부여 등 유형·무형의 경제적 이익을 받거나 요구 또는 제공받기로 약속해서는 아니 된다. 다만, 다음 각 호의 어느 하나에 해당하는 경우에는 그러하지 아니하다.
>   1호. 친족이 제공하는 금품 등
>   2호. 사적 거래로 인한 채무의 이행 등에 의하여 제공되는 금품 등
>   3호. 원활한 직무수행 또는 사교·의례의 목적으로 제공될 경우에 한하여 제공되는 3만 원 이하의 음식물·편의 또는 5만 원 이하의 소액의 선물
>   4호. 직무와 관련된 공식적인 행사에서 주최자가 참석자에게 통상적인 범위에서 일률적으로 제공하는 교통·숙박·음식물 등의 금품 등
>   5호. 불특정 다수인에게 배포하기 위한 기념품 또는 홍보용품 등
>   6호. 특별히 장기적·지속적인 친분관계를 맺고 있는 자가 질병·재난 등으로 어려운 처지에 있는 임직원에게 공개적으로 제공하는 금품 등
>   7호. 임직원으로 구성된 직원 상조회 등이 정하는 기준에 따라 공개적으로 구성원에게 제공하는 금품 등
>   8호. 상급자가 위로, 격려, 포상 등의 목적으로 하급자에게 제공하는 금품 등
>   9호. 외부강의·회의 등에 관한 대가나 경조사 관련 금품 등
>   10호. 그 밖에 다른 법령·기준 또는 사회상규에 따라 허용되는 금품 등
> 2항. 임직원은 직무관련자였던 자나 직무관련임직원이었던 사람으로부터 당시의 직무와 관련하여 금품 등을 받거나 요구 또는 제공받기로 약속해서는 아니 된다. 다만, 제1항 각 호의 어느 하나에 해당하는 경우는 제외한다.

① 임직원의 개인적인 채무 이행 시의 금품 수수 행위는 주어진 행동강령에 의거하지 않는다.
② 3만 원 이하의 음식물·편의 제공은 어떤 경우에든 가능하다.
③ 어떠한 경우이든 공개적으로 제공되는 금품은 문제의 소지가 현저히 줄어든다고 볼 수 있다.
④ 직원 상조회 등으로부터 금품이 제공될 경우, 그 한도액은 제한하지 않는다.

부산시설공단 봉투모의고사 OMR카드

서 원 각
www.goseowon.com

부산시설공단
공무직 채용대비
- 제 03 회 모의고사 -

영 역	의사소통 · 문제해결 · 자원관리 · 조직이해
문항수	총 50문항
비 고	객관식 4지선다형

- 문제지 및 답안지의 해당란에 문제유형, 성명, 응시번호를 정확히 기재하세요.
- 모든 기재 및 표기사항은 "컴퓨터용 흑색 수성 사인펜"만 사용합니다.
- 예비 마킹은 중복 답안으로 판독될 수 있습니다.

제 03 회 모의고사

[1~2] 다음 글을 읽고 이어지는 물음에 답하시오.

〈2025년 친환경농산물 직거래 지원사업〉

농협경제지주에서 친환경농식품 취급업체의 직거래 구매·판매장 개설을 위한 융자 지원을 실시합니다. 이를 통해 친환경농식품의 안정적인 판로 확대 및 수급조절·가격 안정에 기여하고, 궁극적으로 ㉠소비자의 친환경농산물 구매 접근성을 향상시킬 수 있기를 기대합니다.

가. 지원 조건

구분	고정금리		변동금리
	운영	시설	('20. 1월 기준)
농업회사법인, 영농조합법인	2.5%	2.0%	1.27%
농협, 일반법인	3.0%		2.27%

나. 사업 의무량
- 운영 : 대출액의 125% 이상 국내산 친환경농식품 직거래 구매
- 시설 : 매장 임차보증금 및 시설 설치비용이 대출액의 125% 이상

다. 사업 대상자
  친환경농식품 직거래사업에 참여 희망하는 생산자단체, 소비자단체, 전문유통업체, 유기 및 무농약원료 가공식품업체, 전자상거래사업자, 개인사업자 등

라. 지원자격 및 요건
- 생산자단체, 소비자단체, 전문유통업체의 경우 설립목적 또는 사업이 친환경농식품 유통에 부합되고, 친환경농식품을 ㉡산지에서 직구매하여 소비지에 직판하는 등 직거래사업을 추진하는 법인 및 단체
- 유기 및 무농약원료 가공식품업체의 경우 친환경농식품을 산지에서 직구매하여 유기 및 무농약원료 가공식품을 생산하는 업체
- 전자상거래 사업자의 경우 상품의 주문·㉢결제 등 상거래의 주요 부분 중 일부 또는 전부를 인터넷 공간에서 판매하는 업체
- 신청제한
  - 한국농수산식품유통공사에서 '친환경농산물직거래지원자금'을 지원받고자 하는 업체
  - 한국신용정보원에 연체 정보, ㉣대위변제·대지급 정보, 부도 정보, 관련인 정보, 금융질서 문란 정보 및 부실신용관련 공공기록 정보가 등록된 자

1. 위 공고문에 대한 이해로 적절하지 않은 것은?
① 타 기관에서 동일한 성격의 지원자금을 받고자 하는 업체는 농협경제지주의 지원을 중복해서 받을 수 없다.
② 친환경농식품을 산지에서 직구매하는 사업자만 지원사업에 신청할 수 있다.
③ 지원사업에 참여하는 사업자에게는 대출액 125% 이상에 해당하는 사업 의무량이 주어진다.
④ 변동금리에 대해서는 '운영'과 '시설' 부문 구분에 따른 금리 차이가 없다.

2. ㉠ ~ ㉣에 대한 설명 중 적절하지 않은 것은?
① ㉠은 '소비자들이 손쉽게 친환경농산물을 구매할 수 있기를'과 같이 쓸 수 있다.
② ㉡의 한자는 '産地'로 쓴다.
③ ㉢은 '증권 또는 대금을 주고받아 매매 당사자 사이의 거래 관계를 끝맺는 일'을 뜻하는 단어가 적절하므로 '결재'로 고친다.
④ ㉣은 '제삼자가 다른 사람의 법률적 지위를 대신하여 그가 가진 권리를 얻거나 행사하는 일'을 뜻한다.

3. 다음은 해외이주자의 외화송금에 대한 설명이다. 옳지 않은 것은?

> 가. 필요서류
> - 여권 또는 여권 사본
> - 비자 사본 또는 영주권 사본
> - 해외이주신고확인서(환전용) – 국내로부터 이주하는 경우
> - 현지이주확인서(이주비환전용) – 현지이주의 경우
> - 세무서장이 발급한 자금출처 확인서 – 해외이주비 총액이 10만 불 초과 시
>
> 나. 송금한도 등
> 한도 제한 없음
>
> 다. 송금방법
> 농협은행 영업점을 거래외국환은행으로 지정한 후 송금 가능
>
> 라. 알아야 할 사항
> - 관련법규에 의해 해외이주자로 인정받은 날로부터 3년 이내에 지정거래외국환은행을 통해 해외이주비를 지급받아야 함
> - 해외이주자에게는 해외여행경비를 지급할 수 없음

① 송금 한도에는 제한이 없다.
② 국내로부터 이주하는 경우 해외이주신고확인서(환전용)가 필요하다.
③ 관련법규에 의해 해외이주자로 인정받은 날로부터 3년 이내에 지정거래외국환은행을 통해 해외이주비를 지급받아야 한다.
④ 해외이주자의 외화송금에서 반드시 필요한 서류 중 하나는 세무서장이 발급한 자금출처 확인서다.

4. 다음 글을 바탕으로 하여 빈칸을 쓰되 예시를 사용하여 구체적으로 진술하고자 할 때, 가장 적절한 것은?

> 사람들은 경쟁을 통해서 서로의 기술이나 재능을 최대한 발휘할 수 있는 기회를 갖게 된다. 즉, 개인이나 집단이 남보다 먼저 목표를 성취하려면 가장 효과적으로 목표에 접근하여야 하며 그러한 경로를 통해 경제적으로나 시간적으로 가장 효율적으로 목표를 성취한다면 사회 전체로 볼 때 이익이 된다. 그러나 이러한 경쟁에 전제되어야 할 것은 많은 사람들의 합의로 정해진 경쟁의 규칙을 반드시 지켜야 한다는 것이다. 즉, _____

① 농구나 축구, 마라톤과 같은 운동 경기에서 규칙과 스포츠맨십이 지켜져야 하는 것처럼 경쟁도 합법적이고 도덕적인 방법으로 이루어져야 하는 것이다.
② 21세기의 무한 경쟁 시대에 우리가 살아남기 위해서는 기초 과학 분야에 대한 육성 노력이 더욱 필요한 것이다.
③ 지구, 금성, 목성 등의 행성들이 태양을 중심으로 공전하는 것처럼 경쟁도 하나의 목표를 향하여 질서 있는 정진(精進)이 필요한 것이다.
④ 가수는 가창력이 있어야 하고, 배우는 연기에 대한 재능이 있어야 하듯이 경쟁은 자신의 적성과 소질을 항상 염두에 두고 이루어져야 한다.

제 03 회 모의고사

5. 다음의 내용을 논리적 흐름이 자연스럽도록 순서대로 배열한 것은?

> ⊙ 사물은 저것 아닌 것이 없고, 또 이것 아닌 것이 없다. 이쪽에서 보면 모두가 저것, 저쪽에서 보면 모두가 이것이다.
> ⓒ 그러므로 저것은 이것에서 생겨나고, 이것 또한 저것에서 비롯된다고 한다. 이것과 저것은 저 혜시(惠施)가 말하는 방생(方生)의 설이다.
> ⓒ 그래서 성인(聖人)은 이런 상대적인 방법에 의하지 않고, 그것을 절대적인 자연의 조명(照明)에 비추어 본다. 그리고 커다란 긍정에 의존한다. 거기서는 이것이 저것이고 저것 또한 이것이다. 또 저것도 하나의 시비(是非)이고 이것도 하나의 시비이다. 과연 저것과 이것이 있다는 말인가. 과연 저것과 이것이 없다는 말인가.
> ⓔ 그러나 그, 즉 혜시(惠施)도 말하듯이 삶이 있으면 반드시 죽음이 있고, 죽음이 있으면 반드시 삶이 있다. 역시 된다가 있으면 안 된다가 있고, 안 된다가 있으면 된다가 있다. 옳다에 의거하면 옳지 않다에 기대는 셈이 되고, 옳지 않다에 의거하면 옳다에 의지하는 셈이 된다.

① ⊙ⓒⓒⓔ ② ⊙ⓒⓒⓔ
③ ⊙ⓒⓒⓔ ④ ⊙ⓔⓒⓒ

6. 다음은 부산시설공단 직원통합 공개채용에 관한 유의사항의 일부이다. 다음 내용을 근거로 할 때, 부산시설공단이 유의사항의 내용에 부합하는 행동이라고 볼 수 없는 것은?

〈공개채용 유의사항〉

가. 모든 응시자는 1인 1분야만 지원할 수 있습니다.
나. 응시지원자는 지역제한 등 응시자격을 미리 확인하고 입사지원서를 접수하여야 하며, 입사지원서의 기재사항 누락·오입력, 장애인·자격증·취업지원대상자 등 가산점수가산비율 기재 착오 및 연락불능 등으로 발생되는 불이익은 일체 응시자 책임으로 합니다.
다. 입사지원서 작성내용은 추후 증빙서류 제출 및 관계기관에 조회할 예정이며, 추후 허위사실(응시자격, 임용결격사유 등)이 발견될 때에는 합격 또는 임용을 취소합니다.
라. 지원자 및 단계별 합격자는 우리 공단 홈페이지를 통해 공고되는 내용을 정확히 숙지하여야 하며, 이를 준수하지 않아 발생하는 불이익은 본인 책임입니다.
마. 입사지원서 접수결과, 지원자가 채용예정인원 수와 같거나 미달하더라도 적격자가 없는 경우 선발하지 않을 수 있습니다.
바. 최종합격자 중에서 신규임용후보자 등록을 하지 않거나 신체검사에 불합격한 자 또는 공단 인사규정 제14조에 의한 임용결직자, 비위면직자는 합격이 취소되며 예비합격자를 최종합격자로 선발할 수 있습니다.
사. 각종 자격 및 증빙과 관련된 서류는 필기시험 합격자에 한해 접수할 예정이며, 「채용절차의 공정화에 관한 법률」에 따라 최종합격자 발표일 이후 180일 이내에 반환 청구할 수 있습니다. 다만, 채용홈페이지 또는 전자우편으로 제출된 경우나 응시자가 우리 공단의 요구 없이 자발적으로 제출한 경우에는 반환하지 않습니다.
아. 채용관련 인사 청탁 등 채용비리 또는 기타 부정합격 확인 시 채용이 취소될 수 있습니다.

※ 1) 입사지원서(자기소개서 포함) 작성 시, 출신학교(출신학교를 유추할 수 있는 학교메일), 가족관계 등 개인을 식별할 수 있는 내용은 일체 기재하지 마시기 바랍니다.
2) 자격사항 기재 시 직무와 관련된 국가기술 및 국가전문자격만 기재하시기 바랍니다.

① 동일한 응시자가 행정직과 기계직에 동시 응시한 사실이 뒤늦게 발견되어 임의로 행정직 응시 관련 사항을 일체 무효처리 하였다.
② 응시자격이 불충분함에도 합격을 한 사실이 확인된 甲을 채용 취소 처리하였다.
③ 토목직에 5명 채용이 계획되어 있었고, 10명이 지원하였으나 4명만 선발하였다.
④ 최종합격자 중 신규임용후보자 자격을 상실한 자가 있어 불합격자 중 임의의 인원을 추가 선발하였다.

7. 다음 글의 밑줄 친 ㉠ ~ ㉣의 한자 표기에 대한 설명으로 옳은 것은?

서울시는 신종 코로나바이러스 감염증 확산 방지를 위해 ㉠다중이용시설 동선 추적 조사반'을 구성한다고 밝혔다. 서울시 보건의료정책과장은 이날 오후 서울시 유튜브 라이브 방송에 ㉡출연, 코로나바이러스 감염증 관련 대시민 브리핑을 갖고 "시는 2차, 3차 감염발생에 따라 ㉢역학조사를 강화해 조기에 발견하고 관련 정보를 빠르게 제공하려고 한다."라고 밝혔다. 박 과장은 "확진환자 이동경로 공개 ㉣지연에 따라 시민 불안감이 조성된다는 말이 많다."며 "더욱이 다중이용시설의 경우 확인이 어려운 접촉자가 존재할 가능성도 있다."라고 지적했다.

① ㉠ '다중'의 '중'은 '삼중구조'의 '중'과 같은 한자를 쓴다.
② ㉡ '출연'의 '연'은 '연극'의 '연'과 다른 한자를 쓴다.
③ ㉢ '역학'의 '역'에 해당하는 한자는 '歷과 '易' 모두 아니다.
④ ㉣ '지연'은 '止延'으로 쓴다.

[8~9] 다음은 GDP와 GNI에 관련된 설명이다. 물음에 답하시오.

'GDP(국내총생산)'는 국민경제 전체의 생산 수준을 파악할 수 있는 지표인데, 한 나라 안에서 일정 기간 동안 새로 생산된 최종 생산물의 가치를 모두 합산한 것이다. GDP를 계산할 때는 총 생산물의 가치에서 중간생산물의 가치를 빼는데, 그 결과는 최종 생산물의 가치의 총합과 동일하다. 다만 GDP를 산출할 때는 그해에 새로 생산된 재화와 서비스 중 화폐로 매매된 것만 계산에 포함하고, 화폐로 매매되지 않은 것은 포함하지 않는다.

그런데 상품 판매 가격은 물가 변동에 따라 오르내리기 때문에 GDP를 집계 당시의 상품 판매 가격으로 산출하면 그 결과는 물가 변동의 영향을 그대로 받는다. 올해에 작년과 똑같은 수준으로 재화를 생산하고 판매했더라도 올해 물가 변동에 따라 상품 판매 가격이 크게 올랐다면 올해 GDP는 가격 상승분만큼 부풀려져 작년 GDP보다 커진다.

이런 까닭으로 올해 GDP가 작년 GDP보다 커졌다 하더라도 생산 수준이 작년보다 실질적으로 올랐다고 볼 수는 없다. 심지어 GDP가 작년보다 커졌더라도 실질적으로 생산 수준이 떨어졌을 수도 있는 것이다.

그래서 실질적인 생산 수준을 판단할 수 있는 GDP를 산출할 필요가 있다. 그러자면 먼저 어느 해를 기준 시점으로 정해 놓고, 산출하고자 하는 해의 가격을 기준 시점의 물가 수준으로 환산해 GDP를 산출하면 된다. 기준 시점의 물가 수준으로 환산해 산출한 GDP를 '실질 GDP'라고 하고, 기준 시점의 물가 수준으로 환산하지 않은 GDP를 실질 GDP와 구분하기 위해 '명목 GDP'라고 부르기도 한다. 예를 들어 기준 시점을 1995년으로 하여 2000년의 실질 GDP를 생각해 보자. 1995년에는 물가 수준이 100이었고 명목 GDP는 3천 원이며, 2000년에는 물가 수준은 200이고 명목 GDP는 6천 원이라고 가정하자. 이 경우 명목 GDP는 3천 원에서 6천 원으로 늘었지만, 물가 수준 역시 두 배로 올랐으므로 결국 실질 GDP는 동일하다.

경제가 실질적으로 얼마나 성장했는지 알려면 실질 GDP의 추이를 보는 것이 효과적이므로 실질 GDP는 경제성장률을 나타내는 공식 경제지표로 활용되고 있다. 금년도의 경제성장률은 아래와 같은 식으로 산출할 수 있다.

$$경제성장률 = \frac{금년도\ 실질GDP - 전년도\ 실질GDP}{전년도\ 실질GDP} \times 100(\%)$$

경제지표 중 GDP만큼 중요한 'GNI(국민총소득)'라는 것도 있다. GNI는 GDP에 외국과 거래하는 교역 조건의 변화로 생기는 실질적 무역 손익을 합산해 집계한다. 그렇다면 ㉠GDP가 있는데도 GNI를 따로 만들어 쓰는 이유는 무엇일까? 만약 수입 상품 단가가 수출 상품 단가보다 올라 대외 교역 조건이 나빠지면 전보다 많은 재화를 생산·수출하고도 제품·부품 수입 비용이 증가하여 무역 손실이 발생할 수도 있다. 이때 GDP는 무역 손실에 따른 실질 소득의 감소를 제대로 반영하지 못하기 때문에 GNI가 필요한 것이다. 결국 GDP가 국민경제의 크기와 생산 능력을 나타내는 데 중점을 두는 지표라면 GNI는 국민경제의 소득 수준과 소비 능력을 나타내는 데 중점을 두는 지표라고 할 수 있다.

8. 위의 설명과 일치하지 않는 것은?

① 상품 판매 가격은 물가 변동의 영향을 받는다.
② GDP는 최종 생산물의 가치의 총합으로 계산할 수 있다.
③ 화폐로 매매되지 않은 것은 GDP 계산에 넣지 않는다.
④ GDP는 총 생산물 가치에 중간생산물 가치를 포함하여 산출한다.

9. ㉠에 대해 문의를 받았을 때, 답변으로 가장 적절한 것은?

① 생산한 재화의 총량을 정확히 재기 위해
② 생산한 재화의 수출량을 정확히 재기 위해
③ 국가 간의 물가 수준의 차이를 정확히 재기 위해
④ 무역 손익에 따른 실질 소득의 증감을 정확히 재기 위해

10. 다음 글의 문맥을 참고할 때, 빈 칸에 들어갈 단어로 가장 적절한 것은?

최근 과학기술 평준화시대에 접어들며 의약품과 의료기술 성장은 인구 구조의 고령화를 촉진하여 노인인구의 급증은 치매를 포함한 신경계 질환 ( ) 증가에 영향을 주고 있다. 따라서 질병치료 이후의 재활, 입원기간동안의 삶의 질 등 노년층의 건강한 생활에 대한 사회적 관심이 증가되고 있다. 사회적 통합 기능이 특징인 음악은 사람의 감정과 기분에 강한 영향을 주는 매체로 단순한 생활 소음과는 차별되어 아동기, 청소년기의 음악교과 활동뿐만 아니라 다양한 임상 분야와 심리치료 현장에서 활용되고 있다. 일반적으로 부정적 심리상태를 안정시키는 역할로 사용되던 음악은 최근 들어 구체적인 인체 부위의 생리적 기전(physiological mechanisms)에 미치는 효과에 관심을 갖게 되었다.

① 유병률   ② 전염률
③ 발병률   ④ 점유율

11. 다음은 개인정보 보호법과 관련한 사법 행위의 내용을 설명하는 글이다. 다음 글을 참고할 때, '공표'조치에 대한 올바른 설명이 아닌 것은?

개인정보 보호법 위반과 관련한 행정 처분의 종류에는 처분 강도에 따라 과태료, 과징금, 시정조치, 개선권고, 징계권고, 공표 등이 있다. 이 중, 공표는 행정 질서 위반이 심하여 공공에 경종을 울릴 필요가 있는 경우 명단을 공표하여 사회적 낙인을 찍게 함으로써 경각심을 주는 제재 수단이다. 개인정보 보호법 위반행위가 은폐·조작, 과태료 1천만 원 이상, 유출 등 다음 7가지 공표 기준에 해당하는 경우, 위반 행위자, 위반행위 내용, 행정 처분 내용 및 결과를 포함하여 개인정보 보호위원회의 심의·의결을 거쳐 공표한다.

〈7가지 공표기준〉
- 1회 과태료 부과 총 금액이 1천만 원 이상이거나 과징금 부과를 받은 경우
- 유출·침해사고의 피해자 수가 10만 명 이상인 경우
- 다른 위반행위를 은폐·조작하기 위하여 위반한 경우
- 유출·침해로 재산상 손실 등 2차 피해가 발생하였거나 불법적인 매매 또는 건강 정보 등 민감 정보의 침해로 사회적 비난이 높은 경우
- 위반행위 시점을 기준으로 위반 상태가 6개월 이상 지속된 경우
- 행정 처분 시점을 기준으로 최근 3년 내 과징금, 과태료 부과 또는 시정조치 명령을 2회 이상 받은 경우
- 위반행위 관련 검사 및 자료제출 요구 등을 거부·방해하거나 시정조치 명령을 이행하지 않음으로써 이에 대하여 과태료 부과를 받은 경우

공표 절차는 과태료 및 과징금을 최종 처분할 때 대상자에게 공표 사실을 사전 통보, 소명자료 또는 의견 수렴 후 개인정보보호위원회 송부, 개인정보보호위원회 심의·의결, 홈페이지 공표 순으로 진행된다. 공표는 행정안전부장관의 처분 권한이지만 개인정보보호위원회의 심의·의결을 거치게 함으로써 개인정보 보호법 위반자에 대한 행정청의 제재가 자의적이지 않고 공정하게 행사되도록 조절해 주는 장치를 마련하였다.

① 행정안전부 장관이 공표를 결정하면 반드시 최종 공표 조치가 취해져야 한다.
② 공표조치가 내려진 대상자는 공표와 더불어 반드시 1천만 원 이상의 과태료를 납부하여야 한다.
③ 공표조치를 받는 대상자는 사전에 이를 통보받는다.
④ 반복적이거나 지속적인 위반 행위에 대한 제재는 공표 조치의 취지에 포함된다.

12. 다음은 SNS 회사에 함께 인턴으로 채용된 두 친구의 대화이다. 두 사람이 제출했을 토론 주제로 적합한 것은?

> 甲 : 대리님께서 말씀하신 토론 주제는 정했어? 난 인터넷에서 '저무는 육필의 시대'라는 기사를 찾았는데 토론 주제로 괜찮을 것 같아서 그걸 정리해 가려고 하는데.
> 乙 : 난 아직 마땅한 게 없어서 찾는 중이야. 그런데 육필이 뭐야?
> 甲 : SNS 회사에 입사했다는 애가 그것도 모르는 거야? 컴퓨터로 글을 쓰는 게 디지털 글쓰기라면 손으로 글을 쓰는 걸 육필이라고 하잖아.
> 乙 : 아! 그런 거야? 그럼 우리는 디지털 글쓰기 세대겠네?
> 甲 : 그런 셈이지. 요즘 다들 컴퓨터로 글을 쓰니까. 그나저나 너는 디지털 글쓰기의 장점이 뭐라고 생각해?
> 乙 : 음, 우선 떠오르는 대로 빨리 쓸 수 있다는 점 아닐까? 또 쉽게 고칠 수도 있고. 그래서 누구나 쉽게 글을 쓸 수 있다는 점이 디지털 글쓰기의 최대 장점이라고 생각하는데.
> 甲 : 맞아. 기존의 글쓰기가 소수의 전유물이었다면, 디지털 글쓰기 덕분에 누구나 쉽게 글을 쓰고 의사소통을 할 수 있게 되었다는 게 내가 본 기사의 핵심이었어. 한마디로 글쓰기의 민주화가 이루어진 거지.
> 乙 : 글쓰기의 민주화……. 멋있어 보이기는 하는데, 디지털 글쓰기가 꼭 장점만 있는 것 같지는 않아. 누구나 쉽게 글을 쓸 수 있게 됐다는 건, 그만큼 글이 가벼워졌다는 거 아냐? 우리 주변에서도 그런 글들을 엄청나게 잖아.
> 甲 : 하긴, 디지털 글쓰기 때문에 과거보다 진지하게 글을 쓰는 사람이 적어진 건 사실이야. 남의 글을 베끼거나 근거 없는 내용을 담은 글들도 많아지고.
> 乙 : 우리 이 주제로 토론을 해 보는 게 어때?

① 세대 간 정보화 격차
② 디지털 글쓰기와 정보화
③ 디지털 글쓰기의 장단점
④ 디지털 글쓰기와 의사소통의 관계

13. 甲기업 홍보팀에 근무하는 A는 '탈춤'에 관한 영상물을 제작하는 프로젝트를 맡게 되었다. 제작계획서 중 다음의 제작 회의 결과가 제대로 반영되지 않은 것은?

- 제목 : 탈춤 체험의 기록임이 나타나도록 표현
- 주 대상층 : 탈춤에 무관심한 MZ세대
- 내용 : 실제 경험을 통해 탈춤을 알아가고 가까워지는 과정을 보여 주는 동시에 탈춤에 대한 정보를 함께 제공
- 구성 : 간단한 이야기 형식으로 구성
- 전달방식 : 정보들을 다양한 방식으로 전달

⟨기획서⟩

제목		기획 특집 – 탈춤 속으로 떠나는 10일간의 여행	①
제작 의도		MZ세대에게 우리 고유의 문화유산인 탈춤에 대한 관심을 불러일으킨다.	
전체 구성	중심 얼개	• 대학생이 우리 문화 체험을 위해 탈춤이 전승되는 마을을 찾아가는 상황을 설정한다. • 탈춤을 배우기 시작하여 마지막 날에 공연으로 마무리한다는 줄거리로 구성한다.	②
	보조 얼개	탈춤에 대한 정보를 별도로 구성하여 중간 중간에 삽입한다.	
	해설	내레이션을 통해 탈춤에 대한 학술적 이견들을 깊이 있게 제시하여 탈춤에 조예가 깊은 시청자들의 흥미를 끌도록 한다.	③
전달 방식	영상 편집	• 탈에 대한 정보를 시각 자료로 제시한다. • 탈춤의 종류, 지역별 탈춤의 특성 등에 대한 그래픽 자료를 보여 준다. • 탈춤 연습 과정과 공연 장면을 현장감 있게 보여 준다.	④

14. 다음은 甲아파트의 반려동물 사육 규정의 일부이다. 다음과 같은 규정을 참고할 때, 거주자들에게 안내되어야 할 사항으로 적절하지 않은 것은?

> 제4조(반려동물 사육 준수사항)
> 1항. 반려동물은 훈련을 철저히 하며 항상 청결상태를 유지하고, 소음발생 등으로 입주자 등에게 피해를 주지 않아야 한다.
> 2항. 반려동물은 규정된 종류의 동물에 한하며, 년 ○회 이상 정기검진을 실시하고 진드기 및 해충기생 등의 예방을 철저히 하여야 한다.
> 3항. 반려동물을 동반하여 승강기에 탑승할 경우 반드시 안고 탑승, 타인에게 공포감을 주지 말아야 한다.
> 4항. 반려동물과 함께 산책할 경우 반드시 목줄을 사용하여야 하며, 배설물을 수거할 수 있는 장비를 지참하여 즉시 수거하여야 한다.
> 5항. 반려동물을 동반한 야간 외출 시 손전등을 휴대하여 타인에게 공포감을 주지 않도록 하여야 한다.
> 6항. 앞, 뒤 베란다 배수관 및 베란다 밖으로 배변처리를 금지한다.
> 7항. 반려동물과 함께 체육시설, 화단 등 공공시설의 출입은 금지한다.
> 제5조(반려동물 사육에 대한 동의)
> 1항. 반려동물을 사육하고자 하는 세대에서는 단지 내 반려동물 동호회를 만들거나 가입하여 공공의 이익을 위하여 활동할 수 있다.
> 2항. 반려동물을 사육하는 세대는 사육 동물의 종류와 마리 수를 관리실에 고지해야 하며 반려동물을 제외한 기타 가축을 사육하고자 하는 세대에서는 반드시 관리실의 동의를 구하여야 한다.
> 3항. 반려동물 사육 시 해당 동의 라인에서 입주민 다수의 민원(반상회 건의 등)이 있는 세대에는 재발 방지를 위하여 서약서를 징구할 수 있으며, 이후 재민원이 발생할 경우 관리규약에 의거하여 반려동물을 사육할 수 없도록 한다.
> 4항. 세대 당 반려동물의 사육두수는 ○마리로 제한한다.
> 제6조(환경보호)
> 1항. 반려동물을 사육하는 세대는 동호회에서 정기적으로 실시 하는 단지 내 공용부분의 청소에 참여하여야 한다.
> 2항. 청소는 동호회에서 관리하며, 청소에 참석하지 않는 세대는 동호회 회칙으로 정한 청소비를 납부하여야 한다.

① "반려동물 동호회에 가입하지 않으신 반려동물 사육 세대에서도 공용부분 청소에 참여하셔야 합니다."
② "반려동물을 사육하는 세대는 사육 동물의 종류와 마리 수를 관리실에 반드시 고지하셔야 합니다."
③ "단지 내 주민 체육관에는 반려동물을 데리고 입장하실 수 없으니 착오 없으시기 바랍니다."
④ "반려동물을 동반하고 이동하실 경우, 승강기 이용이 제한되오니 반드시 계단을 이용해 주시기 바랍니다."

┃15 ~ 16┃ 다음은 공항의 교통약자 공항이용안내의 일부이다. 이를 읽고 물음에 답하시오.

> 가. 패스트트랙
> • Fast Track을 이용하려면 교통약자(보행장애인, 7세 미만 유소아, 80세 이상 고령자, 임산부, 동반 여객 2인 포함)는 본인이 이용하는 항공사의 체크인카운터에서 이용대상자임을 확인 받고 'Fast Track Pass'를 받아 Fast Track 전용출국장인 출국장 1번, 6번 출국장입구에서 여권과 함께 제시하면 됩니다.
> • 인천공항 동편 전용출국통로(Fast Track, 1번 출국장), 오전7시 ~ 오후7시까지 운영 중이며, 운영상의 미비점을 보완하여 정식운영(동·서편, 전 시간 개장)을 개시할 예정에 있습니다.
>
> 나. 휠체어 및 유모차 대여
> 공항 내 모든 안내데스크에서 휠체어 및 유모차를 필요로 하는 분께 무료로 대여하여 드리고 있습니다.
>
> 다. 장애인 전용 화장실
> • 여객터미널 내 화장실마다 최소 1실의 장애인 전용화장실이 있습니다.
> • 장애인분들의 이용 편의를 위하여 넓은 출입구와 내부 공간, 버튼식 자동문, 비상벨, 센서 작동 물내림 시설을 설치하였으며 항상 깨끗하게 관리하여 편안한 공간이 될 수 있도록 하고 있습니다.
>
> 라. 주차대행 서비스
> • 공항에서 허가된 주차대행 서비스(유료)를 이용하시면 보

다 편리하고 안전하게 차량을 주차하실 수 있습니다.
- 경차, 장애인, 국가유공자의 경우 할인된 금액으로 서비스를 이용하실 수 있습니다.
- 장애인 주차 요금 할인 주차장 출구의 유인부스를 이용하는 장애인 차량은 장애인증을 확인 후 일반 주차 요금의 50%를 할인하여 드리고 있습니다.

마. 휠체어 리프트 서비스
- 장기주차장에서 여객터미널까지의 이동이 불편한 장애인, 노약자 등 교통약자의 이용 편의 증진을 위해 무료 이동 서비스를 제공하여 드리고 있습니다.
- 여객터미널 ↔ 장기주차장, 여객터미널 ↔ 화물터미널행의 모든 셔틀버스에 휠체어 탑승리프트를 설치, 편안하고 안전하게 모시고 있습니다.

15. 다음 교통약자를 위한 서비스 중 무료로 이용할 수 있는 서비스만으로 묶인 것은?

① 주차대행 서비스, 장애인 전용 화장실 이용
② 장애인 차량 주차, 휠체어 및 유모차 대여
③ 휠체어 및 유모차 대여, 휠체어 리프트 서비스
④ 휠체어 및 유모차 대여, 주차대행 서비스

16. Fast Track 이용 가능한 교통약자가 아닌 사람은?

① 8세 아동
② 80세 고령자
③ 보행장애인
④ 임산부

17. 다음은 유인입국심사에 대한 설명이다. 옳지 않은 것은?

가. 유인입국심사 안내
- 입국심사는 국경에서 허가받는 행위로 내외국인 분리심사를 원칙으로 하고 있습니다.
- 외국인(등록외국인 제외)은 입국신고서를 작성하여야 하며, 등록대상인 외국인은 입국일로부터 90일 이내 관할 출입국관리사무소에 외국인 등록을 하여야 합니다.
- 단체사증을 소지한 중국 단체여행객은 입국신고서를 작성하지 않으셔도 됩니다.(청소년 수학여행객은 제외)
- 대한민국 여권을 위·변조하여 입국을 시도하는 외국인이 급증하고 있으므로 다소 불편하시더라도 입국심사관의 얼굴 대조, 질문 등에 적극 협조하여 주시기 바랍니다.
- 외국인 사증(비자) 관련 사항은 법무부 출입국 관리국으로 문의하시기 바랍니다.

나. 입국신고서 제출 생략
내국인과 90일 이상 장기체류 할 목적으로 출입국사무소에 외국인 등록을 마친 외국인의 경우 입국신고서를 작성하실 필요가 없습니다.

다. 심사절차

STEP 01	기내에서 입국신고서를 작성하지 않은 외국인은 심사 전 입국신고서를 작성해 주세요.
STEP 02	내국인과 외국인 심사 대기공간이 분리되어 있으니, 줄을 설 때 주의해 주세요. ※ 내국인은 파란선, 외국인은 빨간선으로 입장
STEP 03	심사대 앞 차단문이 열리면 입장해 주세요.
STEP 04	내국인은 여권을, 외국인은 입국신고서와 여권을 심사관에게 제시하고, 심사가 끝나면 심사대를 통과해 주세요. ※ 17세 이상의 외국인은 지문 및 얼굴 정보를 제공해야 합니다.

① 등록대상인 외국인은 입국일로부터 90일 이내 관할 출입국관리사무소에 외국인 등록을 하여야 한다.
② 모든 외국인은 지문 및 얼굴 정보를 제공해야 한다.
③ 입국심사를 하려는 내국인은 파란 선으로 입장해야 한다.
④ 내국인은 입국신고서를 작성할 필요가 없다.

제 03 회 모의고사

18. 다음 글에서 나타난 갈등을 해결한 방법은?

> 갑과 을은 일 처리 방법으로 자주 얼굴을 붉힌다. 갑은 처음부터 끝까지 계획에 따라 일을 진행하려고 하고, 을은 일이 생기면 즉흥적으로 해결하는 성격이다. 같은 회사 동료인 병은 이 둘에게 서로의 성향 차이를 인정할 줄 알아야 한다고 중재를 했고, 이 둘은 어쩔 수 없이 포기하는 것이 아닌 서로 간의 차이가 있다는 점을 비로소 인정하게 되었다.

① 사람들과 눈을 자주 마주친다.
② 다른 사람들의 입장을 이해한다.
③ 사람들이 당황하는 모습을 자세하게 살핀다.
④ 자신의 의견을 명확하게 밝히고 지속적으로 강화한다.

│19 ~ 20│ 다음 전기요금 계산 안내문을 보고 이어지는 물음에 답하시오.

○ 주택용 전력(저압)

기본요금(원/호)		전력량 요금(원/kWh)	
200kWh 이하 사용	900	처음 200kWh까지	90
201 ~ 400kWh 사용	1,800	다음 200kWh까지	180
400kWh 초과 사용	7,200	400kWh 초과	279

※ 1) 주거용 고객, 계약전력 3kWh 이하의 고객
  2) 필수사용량 보장공제 : 200kWh 이하 사용 시 월 4,000원 한도 감액 (감액 후 최저요금 1,000원)
  3) 슈퍼유저요금 : 동·하계(7 ~ 8월, 12 ~ 2월) 1,000kWh 초과 전력량 요금은 720원/kWh 적용

○ 주택용 전력(고압)

기본요금(원/호)		전력량 요금(원/kWh)	
200kWh 이하 사용	720	처음 200kWh까지	72
201 ~ 400kWh 사용	1,260	다음 200kWh까지	153
400kWh 초과 사용	6,300	400kWh 초과	216

※ 1) 주택용 전력(저압)에 해당되지 않는 주택용 전력 고객
  2) 필수사용량 보장공제 : 200kWh 이하 사용 시 월 2,500원 한도 감액 (감액 후 최저요금 1,000원)
  3) 슈퍼유저요금 : 동·하계(7 ~ 8월, 12 ~ 2월) 1,000kWh 초과 전력량 요금은 576원/kWh 적용

19. 다음 두 전기 사용자인 갑과 을의 전기요금 합산 금액으로 올바른 것은?

> 갑 : 주택용 전력 저압 300kWh 사용
> 을 : 주택용 전력 고압 300kWh 사용

① 68,600원
② 68,660원
③ 68,700원
④ 68,760원

20. 위의 전기요금 계산 안내문에 대한 설명으로 올바르지 않은 것은?

① 주택용 전력은 고압 요금이 저압 요금보다 더 저렴하다.
② 동계와 하계에 1,000kWh가 넘는 전력을 사용하면 기본요금과 전력량 요금이 모두 2배 이상 증가한다.
③ 저압 요금 사용자가 전기를 3kWh만 사용할 경우의 전기요금은 1,000원이다.
④ 가전기기의 소비전력을 알 경우, 전기요금 절감을 위해 전기 사용량을 200kWh 단위로 나누어 관리할 수 있다.

제 03 회 모의고사

21. 다음의 글을 읽고 이해한 내용으로 옳지 않은 것은?

영국은 한때 '해가 지지 않는 나라'로 절대 권력을 자랑했다. 대영제국(大英帝國, The British Empire)이란 명칭도 이때 나왔다. 17세기 이후 영국 본국과 자치령, 식민지 등을 통칭하던 대영제국은 1931년 웨스트민스터 헌장에 따른 법제화로 영연방이 출범할 때까지 300년 동안 지속됐다.

영국의 수도, 런던에는 인류 4대 문명의 자취를 간직한 세계 최대 규모의 박물관이 있는데, 바로 대영제국 시대(1759년)에 개관한 영국 최초의 국립박물관이다. 개관 당시 시대적 배경과 맞물려 정착된 대영 박물관이라는 명칭은 오늘날까지도 그대로 통용되고 있다.

신대륙 건설 의지는 헨리 7세 국왕(재위 1485 ~ 1509) 때였겠으나, 식민지가 신대륙에 최초로 건설된 것은 엘리자베스 1세 여왕(재위 1558 ~ 1603)때였다. 45년간 통치를 하면서 당시 작은 섬나라가 대영제국으로 발돋움할 수 있도록 한 인물이 바로 엘리자베스 1세가 되겠다. 영국은 17세기 들어 본격적인 영토 확장에 나섰다. 1627년 바베이도스를 시작으로 1925년 제한적 식민지였던 키프로스를 완전히 정복한 것을 마지막으로, 정복 또는 식민지로 삼은 국가만 54개국에 이른다.

강력한 패권국가로 군림한 영국은 곳곳에 세운 식민지와 정복 전쟁으로 점령한 나라에서 인류 문명의 유산을 대거 수집했다. 하지만 이것을 수집이라고 할 수 있을까? 점령국의 지위로 사실상 강제로 빼앗은 것이나 다름없다. 이렇게 약탈한 유물은 무려 800만여 점에 달한다.

그렇게 영국으로 약탈당한 유물이 보관된 공간이 바로 대영 박물관이다. 대영제국의 찬란한 영화 뒤에 가려진 수많은 피점령국과 식민지의 역사가 서려있는 유물의 반환 당위성에 대한 팽팽한 논쟁은 현재진행형이다.

① 대영제국은 약 300년 동안 '해가 지지 않는 나라'로 권력을 유지했다.
② 세계 최대 규모의 대영 박물관은 영국 최초의 박물관이다.
③ 신대륙 건설 의지는 17세기부터 시작되었다.
④ 탈략 유물은 260여 년째 런던에 보관되고 있다.

22. 다음 설명에 해당하는 협상 과정은?

- 협상 당사자들 사이에 상호 친근감을 쌓음
- 간접적인 방법으로 협상의사를 전달함
- 상대방의 협상의지를 확인함
- 협상진행을 위한 체제를 짬

① 협상 시작
② 상호 이해
③ 실질 이해
④ 해결 대안

23. 다음 글에서와 같이 노조와의 갈등에 있어 최 사장이 보여 준 갈등해결방법은 어느 유형에 속하는가?

노조위원장은 임금 인상안이 받아들여지지 않자 공장의 중간관리자급들을 동원해 전격 파업을 단행하기로 하였고, 이들은 임금 인상과 더불어 자신들에게 부당한 처우를 강요한 공장장의 교체를 요구하였다. 회사의 창립 멤버로 회사 발전에 기여가 큰 공장장을 교체한다는 것은 최 사장이 단 한 번도 상상해 본 적 없는 일이라 오히려 최 사장에게는 임금 인상 요구가 하찮게 여겨질 정도로 무거운 문제에 봉착하게 되었다. 1시간 뒤 가진 노조 대표와의 협상 테이블에서 최 사장은 임금과 부당한 처우 관련 모든 문제는 자신에게 있으니 공장장을 볼모로 임금 인상을 요구하지는 말 것을 노조 측에 부탁하였고, 공장장 교체 요구를 철회한다면 임금 인상안을 매우 긍정적으로 검토하겠다는 약속을 하게 되었다. 또한, 노조원들의 처우 관련 개선안이나 불만사항은 자신에게 직접 요청하여 합리적인 사안의 경우 즉시 수용할 것임을 전달하기도 하였다. 결국 이러한 최 사장의 노력을 받아들인 노조는 파업을 중단하고 다시 업무에 복귀하게 되었다.

① 수용형
② 경쟁형
③ 타협형
④ 통합형

24. 다음 중 '팀원들의 강점을 잘 활용하여 팀 목표를 달성하는 효과적인 팀'의 핵심적인 특징으로 적절하지 않은 것을 모두 고르면?

> (가) 팀의 사명과 목표를 명확하게 기술한다.
> (나) 창조적으로 운영된다.
> (다) 결과보다 과정과 방법에 초점을 맞춘다.
> (라) 역할과 책임을 명료화시킨다.
> (마) 개인의 강점을 활용하기보다 짜인 시스템을 활용한다.
> (바) 팀원 간에 멤버십 역할을 공유한다.
> (사) 의견의 불일치를 건설적으로 해결한다.
> (아) 의사소통에 있어 보안유지를 철저히 준수한다.
> (자) 객관적인 결정을 내린다.

① (마)(자)
② (다)(사)(아)
③ (다)(마)(바)(아)
④ (마)(바)(아)(자)

25. 갈등은 다음과 같이 몇 가지 과정을 거치면서 진행되는 것이 일반적인 흐름이라고 볼 때, 빈칸의 ㉠ ~ ㉢에 들어가야 할 말을 순서대로 올바르게 나열한 것은?

> (가) 의견 불일치
> 인간은 다른 사람들과 함께 부딪치면서 살아가게 되는데, 서로 생각이나 신념, 가치관이 다르고 성격도 다르기 때문에 다른 사람들과 의견의 불일치를 가져온다. 많은 의견 불일치는 상대방의 생각과 동기를 설명하는 기회를 주고 대화를 나누다 보면 오해가 사라지고 더 좋은 관계로 발전할 수 있지만, 사소한 오해로 인한 작은 갈등이라도 그냥 내버려두면 심각한 갈등으로 발전하게 된다.
>
> (나) 대결 국면
> 의견 불일치가 해소되지 않으면 대결 국면으로 빠져들게 된다. 이 국면에서는 이제 단순한 해결방안은 없고 제기된 문제들에 대하여 새로운 다른 해결점을 찾아야 한다. 일단 대결국면에 이르게 되면 감정이 개입되어 상대방의 주장에 대한 문제점을 찾기 시작하고, 자신의 입장에 대해서는 그럴듯한 변명으로 옹호하면서 양보를 완강히 거부하는 상태에까지 이르게 된다. 즉, (㉠)은/는 부정하면서 자기주장만 하려고 한다. 서로의 입장을 고수하려는 강도가 높아지면서 서로 간의 긴장은 더욱 높아지고 감정적인 대응이 더욱 격화되어 간다.
>
> (다) 격화 국면
> 격화 국면에 이르게 되면 상대방에 대하여 더욱 적대적인 현상으로 발전해 나간다. 이제 의견일치는 물 건너가고 (㉡)을(를) 통해 문제를 해결하려고 하기 보다는 강압적, 위협적인 방법을 쓰려고 하며, 극단적인 경우에는 언어폭력이나 신체적인 폭행으로까지 번지기도 한다. 상대방에 대한 불신과 좌절, 부정적인 인식이 확산되면서 다른 요인들에까지 불을 붙이는 상황에 빠지기도 한다. 이 단계에서는 상대방의 생각이나 의견, 제안을 부정하고, 상대방은 그에 대한 반격으로 대응함으로써 자신들의 반격을 정당하게 생각한다.
>
> (라) 진정 국면
> 시간이 지나면서 정점으로 치닫던 갈등은 점차 감소하는 진정 국면에 들어선다. 계속되는 논쟁과 긴장이 귀중한 시간과 에너지만 낭비하고 이러한 상태가 무한정 유지될 수 없다는 것을 느끼고 점차 흥분과 불안이 가라앉고 이성과 이해의 원상태로 돌아가려 한다. 그러면서 (㉢)이(가) 시작된다. 이 과정을 통해 쟁점이 되는 주제를 논의하고 새로운 제안을 하고 대안을 모색하게 된다. 이 단계에서는 중개자, 조정자 등의 제3자가 개입함으로써 갈등 당사자 간에 신뢰를 쌓고 문제를 해결하는데 도움이 되기도 한다.
>
> (마) 갈등의 해소
> 진정 국면에 들어서면 갈등 당사자들은 문제를 해결하지 않고는 자신들의 목표를 달성하기 어렵다는 것을 알게 된다. 물론 경우에 따라서는 결과에 다 만족할 수 없는 경우도 있지만 어떻게 해서든지 서로 일치하려고 한다.

① 상대방의 자존심 - 업무 - 침묵
② 제3자의 존재 - 리더 - 반성
③ 조직 전체의 분위기 - 이성 - 의견의 일치
④ 상대방의 입장 - 설득 - 협상

【26~27】 다음은 인사부에서 각 부서에 발행한 업무지시문이다. 이어지는 물음에 답하시오.

업무지시문(업무협조전 사용에 대한 지시)

수신 : 전 부서장님들께
참조 :

제목 : 업무협조전 사용에 대한 지시문
업무 수행에 노고가 많으십니다.
부서 간의 원활한 업무진행을 위하여 다음과 같이 업무협조전을 사용하도록 결정하였습니다. 업무효율화를 도모하고자 업무협조전을 사용하도록 권장하는 것이니 본사의 지시에 따라주시기 바랍니다. 궁금하신 점은 ㉠ 담당자(내선 : 012)에게 문의해주시기 바랍니다.

— 다음 —

가. 목적
- 업무협조전 이용의 미비로 인한 부서 간 업무 차질 해소
- 발신부서와 수신부서 간의 명확한 책임소재 규명
- 부서 간의 원활한 의견교환을 통한 업무 효율화 추구
- 부서 간의 업무 절차와 내용에 대한 근거확보

나. 부서 내의 적극적인 사용권장을 통해 업무협조전이 사내에 정착될 수 있도록 부탁드립니다.
다. 첨부된 업무협조전 양식을 사용하시기 바랍니다.
라. 기타 : 문서관리규정을 회사사규에 등재할 예정이오니 업무에 참고하시기 바랍니다.

2022년 9월 29일

S통상
㉠ 장 ○○○ 배상

---

26. 다음 중 빈칸 ㉠에 들어갈 부서로 가장 적절한 것은

① 총무부
② 기획부
③ 인사부
④ 영업부

27. 업무협조전에 대한 설명으로 옳지 않은 것은?

① 부서 간의 책임소재가 분명해진다.
② 업무 협업 시 높아진 효율성을 기대할 수 있다.
③ 업무 절차와 내용에 대한 근거를 확보할 수 있다.
④ 부서별로 자유로운 양식의 업무협조전을 사용할 수 있다.

28. 조직구조에 대한 설명으로 옳지 않은 것은?

① 공식화(Formalization)의 수준이 높을수록 조직구성원들의 재량이 증가한다.
② 통솔범위(Span of Control)가 넓은 조직은 일반적으로 저층구조의 형태를 보인다.
③ 집권화(Centralization)의 수준이 높은 조직의 의사결정 권한은 조직의 상층부에 집중된다.
④ 명령체계(Chain of Command)는 조직 내 구성원을 연결하는 연속된 권한의 흐름으로, 누가 누구에게 보고하는지를 결정한다.

29. 다음은 W사의 경력평정에 관한 규정의 일부이다. 다음 중 규정을 올바르게 이해하지 못한 설명은 어느 것인가?

제15조(평정기준)
직원의 경력평정은 회사의 근무경력으로 평정한다.

제16조(경력평정 방법)
1항. 평정기준일 현재 근무경력이 6개월 이상인 직원에 대하여 별첨 서식에 의거 기본경력과 초과경력으로 구분하여 평정한다.
2항. 경력평정은 당해 직급에 한하되 기본경력과 초과경력으로 구분하여 평정한다.
3항. 기본경력은 3년으로 하고, 초과경력은 기본경력을 초과한 경력으로 한다.
4항. 당해 직급에 해당하는 휴직, 직위해제, 정직기간은 경력기간에 산입하지 아니한다.
5항. 경력은 1개월 단위로 평정하되, 15일 이상은 1개월로 계산하고, 15일 미만은 산입하지 아니한다.

제17조(경력평정 점수)
평가에 의한 경력평정 총점은 30점으로 하며, 다음 각 호의 기준으로 평정한다.
1호. 기본경력은 월 0.5점씩 가산하여 총 18점을 만점으로 한다.
2호. 초과경력은 월 0.4점씩 가산하여 총 12점을 만점으로 한다.

제18조(가산점)
1항. 가산점은 5점을 만점으로 한다.
 • 정부포상 및 자체 포상 등(대통령 이상 3점, 총리 2점, 장관 및 시장 1점, 사장 1점, 기타 0.5점)
 • 회사가 장려하는 분야에 자격증을 취득한 자(자격증의 범위와 가점은 사장이 정하여 고시한다.)
2항. 가산점은 당해 직급에 적용한다.

---

① 과장 직급으로 3년간 근무한 자가 대통령상을 수상한 경우, 경력평정 점수는 21점이다.
② 주임 직급 시 정직기간이 2개월 있었으며, 장관상을 수상한 자가 대리 근무 2년을 마친 경우 경력평정 점수는 12점이다.
③ 차장 직급으로 4년 14일 근무한 자의 경력평정 점수는 23.2점이다.
④ 회사가 장려하는 분야 자격증을 취득한 자는 경력평정 점수가 30점을 넘을 수 있다.

30. 맥킨지 7S 모형에서 조직의 구성요소에 해당하는 것을 모두 고른 것은?

㉠ 진취	㉡ 전략
㉢ 조직구조	㉣ 구성원
㉤ 지도자	㉥ 시스템

① ㉠㉡㉢
② ㉡㉢㉤
③ ㉠㉢㉤㉥
④ ㉡㉢㉣㉥

31. 다음은 J사의 조직도이다. 조직도를 보고 잘못 이해한 것은?

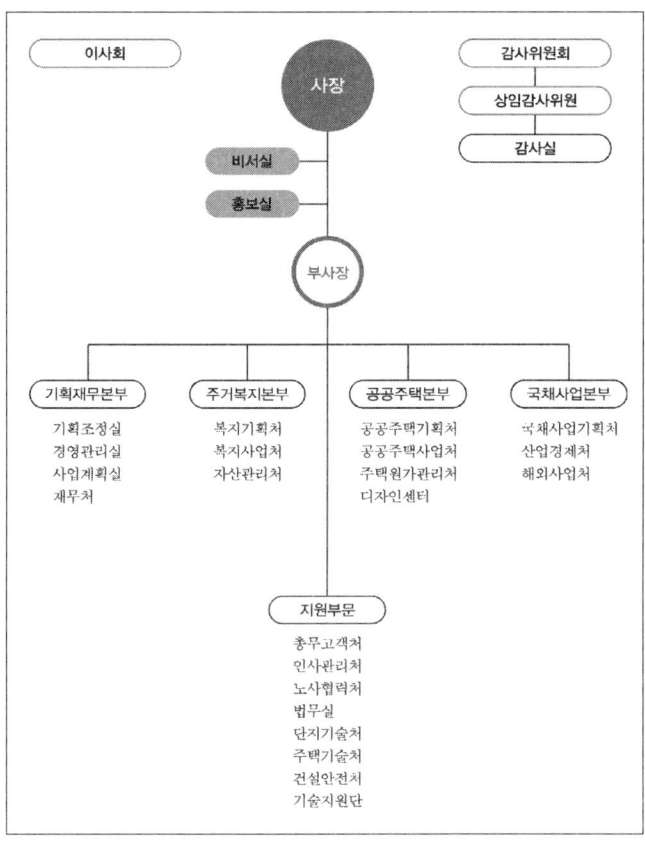

① 부사장은 따로 비서실을 두고 있지 않다.
② 비서실과 홍보실은 사장 직속으로 소속되어 있다.
③ 감사실은 공정한 감사를 위해 다른 조직들과는 구분되어 감사위원회 산하로 소속되어 있다.
④ 부사장 직속으로는 1개 부문, 1실, 6개 처, 1개의 지원단으로 구성되어 있다.

32. 숙박업소 K 사장은 미숙한 경영전략으로 주변 경쟁업소에 점점 뒤처지게 되어 매출은 곤두박질쳤고 이에 따라 직원들은 더 이상 근무할 수 없게 되었다. 경영전략 차원에서 볼 때, K 사장이 시도했어야 하는 차별화 전략으로 추진하기에 적절하지 않은 것은?

① 주차장 이용 시 무료주차와 같은 추가 서비스를 제공한다.
② 직원의 복지를 위해 휴게 시설을 마련한다.
③ 경쟁업소보다 가격을 낮춰 고객을 유치한다.
④ 새로운 객실 인테리어를 통해 신선감을 갖춘다.

33. 다음은 작년의 사내 복지 제도와 그에 따른 4/4분기 복지 지원 내역이다. 인사팀의 사원 Z 씨는 팀장님의 지시로 작년 4/4분기 지원 내역을 구분하여 정리했다. 다음 중 구분이 잘못된 직원은?

〈사내 복지 제도〉	
구분	세부사항
주택 지원	사택지원 (1 ~ 6동 총 6개 동 120가구) 기본 2년 (신청 시 1회 2년 연장 가능)
경조사 지원	본인/가족 결혼, 회갑 등 각종 경조사 시 경조금, 화환 및 경조휴가 제공
학자금 지원	고등학생, 대학생 학자금 지원
기타	상병 휴가, 휴직, 4대 보험 지원

제 03 회 모의고사

〈4/4분기 지원 내역〉

이름	부서	직위	세부사항	금액(천 원)
정희진	영업1팀	사원	모친상	1,000
유연화	총무팀	차장	자녀 대학 진학 (입학금 제외)	4,000
김길동	인사팀	대리	본인 결혼	500
최선하	IT개발팀	과장	병가(실비 제외)	100
김만길	기획팀	사원	사택 제공(1동 702호)	–
송상현	생산2팀	사원	장모상	500
길태화	기획팀	과장	생일	50(상품권)
최현식	총무팀	차장	사택 제공(4동 204호)	–
최판석	총무팀	부장	자녀 결혼	300
김동훈	영업2팀	대리	생일	50(상품권)
백예령	IT개발팀	사원	본인 결혼	500

구분	이름
주택 지원	김만길, 최현식
경조사 지원	정희진, 김길동, 길태화, 최판석, 김동훈, 백예령
학자금 지원	유연화
기타	최선하, 송상현

① 정희진
② 김동훈
③ 유연화
④ 송상현

34. 겨울을 맞이하여 다양한 선물을 준비하였다. 선물의 종류는 목도리, 모자, 장갑이며 색은 빨강과 노랑 두 가지이다. 선물을 받은 사람들이 기념으로 모두 받은 선물들을 입고 모였을 때 다음과 같았을 때, 장갑만 빨간 사람은 몇 명인가? (단, 인원은 모두 14명)

- 조건1 : 모자, 목도리, 장갑 중 1가지만 빨간색을 몸에 걸친 사람은 9명이다.
- 조건2 : 모자와 장갑은 다른 색이다.
- 조건3 : 빨간색 목도리와 빨간색 장갑의 사람 수와 노란색 목도리와 노란색 장갑의 사람 수의 합은 8이다.
- 조건4 : 빨간색 모자를 쓰고 있는 사람은 7명이다.

① 1명
② 4명
③ 7명
④ 8명

35. A고등학교의 신입교사 기중, 태호, 신혜, 수란, 찬호 다섯 명 중 네 명이 각각 1학년 1, 2, 3, 4반을 담임을 맡게 된다. 결과에 대해 각자가 예측한 것이 다음과 같고, 이들의 예측 중 한 명의 예측을 제외하고 모두 결과와 일치했을 때, 옳은 것은?

기중 : 태호는 3반이 아닌 다른 반의 담임이 될 것이다.
태호 : 수란이가 1반의 담임이 될 것이다.
신혜 : 태호의 말은 참일 것이다.
수란 : 신혜의 예측은 틀렸을 것이다.
찬호 : 신혜가 4반의 담임이고, 기중이는 담임을 맡지 않을 것이다.

① 기중은 담임을 맡지 않는다.
② 태호는 1반의 담임이다.
③ 신혜는 3반의 담임이다.
④ 수란은 2반의 담임이다.

제 03 회 모의고사

36. 다음 사례에 나오는 효진의 시간관리 유형은?

> 효진은 하루 24시간 중 8시간의 회사 업무 이외에도 8시간을 효율적으로 활용하고 8시간 동안 충분히 숙면도 취한다. 그녀는 어느 누구보다도 하루하루를 정신없이 바쁘게 살아가는 사람 중 한 명이다.

① 시간 창조형
② 시간 소비형
③ 시간 절약형
④ 시간 파괴형

37. 조직체제 안에는 조직을 이루는 여러 집단이 있다. 다음 중 '집단'의 특징을 적절하게 설명하지 못한 것은?

① 비공식적으로 구성된 집단은 조직구성원들의 요구에 따라 자발적으로 형성되었으며, 봉사활동 동아리, 친목 동호회 등이 있다.
② 조직 내에서는 한정된 자원을 가지고 상반된 목표를 추구하기 때문에 경쟁이 발생하기도 한다.
③ 조직 내 집단은 일반적으로 이익 집단과 감독 집단으로 나뉜다.
④ 집단 간의 적절한 갈등은 응집성이 강화되고 집단의 활동이 더욱 조직화되는 장점이 있다.

38. 어느 조직이나 일정한 인원이 함께 근무하는 경우 '조직문화'가 생기게 된다. 다음 중 조직문화의 기능과 구성요소에 대하여 적절하게 설명한 것이 아닌 것은?

① 조직문화의 구성요소로는 공유가치, 리더십 스타일, 예산, 관리 기술, 전략, 제도 및 절차, 구성원이 있다.
② 조직문화는 조직 구성원에게 일체감과 정체성을 부여하지만 타 조직과의 융합에 걸림돌로 작용하기도 한다.
③ 조직의 통합과 안정성을 중시하고 서열화된 조직 구조를 추구하는 관리적 조직문화, 실적을 중시하고 직무에 몰입하며 미래를 위한 계획 수립을 강조하는 과업지향적 조직문화 등이 있다.
④ 조직문화의 기능으로 구성원의 사회화 도모 및 일탈 행동을 통제하는 측면도 기대할 수 있다.

|39 ~ 40| 다음은 甲사의 내부 결재 규정에 대한 설명이다. 다음 글을 읽고 이어지는 물음에 답하시오.

제○○조(결재)

1항. 기안한 문서는 결재권자의 결재를 받아야 효력이 발생한다.

2항. 결재권자는 업무의 내용에 따라 이를 위임하여 전결하게 할 수 있으며, 이에 대한 세부사항은 따로 규정으로 정한다. 결재권자가 출장, 휴가, 기타의 사유로 상당한 기간 동안 부재중일 때에는 그 직무를 대행하는 자가 대결할 수 있되, 내용이 중요한 문서는 결재권자에게 사후에 보고(후결)하여야 한다.

3항. 결재에는 완결, 전결, 대결이 있으며 용어에 대한 정의와 결재방법은 다음과 같다.

  1호. 완결은 기안자로부터 최종 결재권자에 이르기까지 관계자가 결재하는 것을 말한다.

  2호. 전결은 사장이 업무내용에 따라 각 부서장에게 결재권을 위임하여 결재하는 것을 말하며, 전결하는 경우에는 전결하는 자의 서명란에 '전결' 표시를 하고 맨 오른쪽 서명란에 서명하여야 한다.

  3호. 대결은 결재권자가 부재중일 때 그 직무를 대행하는 자가 하는 결재를 말하며, 대결하는 경우에는 대결하는 자의 서명란에 '대결' 표시를 하고 맨 오른쪽 서명란에 서명하여야 한다.

제○○조(문서의 등록)

1항. 문서는 당년 마지막 문서에 대한 결재가 끝난 즉시 결재일자 순서에 따라서 번호를 부여하고 처리과별로 문서등록대장에 등록하여야 한다. 동일한 날짜에 결재된 문서는 조직내부 원칙에 의해 우선순위 번호를 부여한다. 다만, 비치문서는 특별한 규정이 있을 경우를 제외하고는 그 종류별로 사장이 정하는 바에 따라 따로 등록할 수 있다.

2항. 문서등록번호는 일자별 일련번호로 하고, 내부결재문서인 때에는 문서등록대장의 수신처란에 '내부결재' 표시를 하여야 한다.

3항. 처리과는 당해 부서에서 기안한 모든 문서, 기안형식 외의 방법으로 작성하여 결재권자의 결재를 받은 문서, 기타 처리과의 장이 중요하다고 인정하는 문서를 제1항의 규정에 의한 문서등록대장에 등록하여야 한다.

4항. 기안용지에 의하여 작성하지 아니한 보고서 등의 문서는 그 문서의 표지 왼쪽 위의 여백에 부서기호, 보존기간, 결재일자 등의 문서등록 표시를 한 후 모든 내용을 문서등록대장에 등록하여야 한다.

---

39. 다음 중 甲사의 결재 및 문서의 등록 규정을 바르게 이해하지 못한 것은?

① '대결'은 결재권자가 부재중일 경우 직무대행자가 행하는 결재 방식이다.

② 최종 결재권자는 여건에 따라 상황에 맞는 전결권자를 지정할 수 있다.

③ '전결'과 '대결'은 문서 양식상의 결재방식이 동일하다.

④ 문서등록대장은 매년 1회 과별로 새롭게 정리된다.

40. 甲사에 근무하는 직원의 다음과 같은 결재 문서 관리 및 조치 내용 중 규정에 의거한 적절한 것은?

① A 대리는 같은 날짜에 결재된 문서 2건을 같은 문서번호로 분류하여 등록하였다.

② B 대리는 중요한 내부결재문서에는 '내부결재'를 표시하였고, 그 밖의 문서에는 '일반문서'를 표시하였다.

③ C 과장은 부하 직원에게 문서등록대장에 등록된 문서 중 결재 문서가 아닌 것도 포함될 수 있다고 알려주었다.

④ D 사원은 문서의 보존기간은 보고서에 필요한 사항이며 기안 문서에는 기재할 필요가 없다고 판단하였다.

41. 다음 자료에 대한 분석으로 옳지 않은 것은?

> △△ 공단에는 총 50명의 직원이 근무하고 있으며 자판기 총 설치비용과 사내 전 직원이 누리는 총 만족감을 돈으로 환산한 값은 아래 표와 같다. (단, 자판기로부터 각 직원이 누리는 만족감의 크기는 동일하며 설치비용은 모든 직원이 똑같이 부담한다.)

자판기 수(개)	총 설치비용(만 원)	총 만족감(만 원)
3	150	210
4	200	270
5	250	330
6	300	360
7	350	400

① 자판기를 7개 설치할 경우 각 직원들이 부담해야 하는 설치비용은 7만 원이다.
② 자판기를 최적으로 설치하였을 때 전 직원이 누리는 총 만족감은 400만 원이다.
③ 자판기를 4개 설치할 경우 더 늘리는 것이 합리적이다.
④ 자판기를 한 개 설치할 때마다 추가되는 비용은 일정하다.

42. 조직이 유연하고 자유로운지 아니면 안정이나 통제를 추구하는지, 조직이 내부의 단결이나 통합을 추구하는지 아니면 외부 환경에 대한 대응성을 추구하는지의 차원에 따라 집단문화, 개발문화, 합리문화, 계층문화로 구분된다. 지문에 주어진 특징을 갖는 조직문화의 유형은?

> 과업지향적인 문화로, 결과지향적인 조직으로써의 업무의 완수를 강조한다. 조직의 목표를 명확하게 설정하여 합리적으로 달성하고, 주어진 과업을 효과적이고 효율적으로 수행하기 위하여 실적을 중시하고, 직무에 몰입하며, 미래를 위한 계획을 수립하는 것을 강조한다. 이 문화는 조직구성원 간의 경쟁을 유도하는 문화이기 때문에 때로는 지나친 성과를 강조하게 되어 조직에 대한 조직구성원들의 방어적인 태도와 개인주의적인 성향을 드러내는 경향을 보인다.

① 집단문화
② 개발문화
③ 합리문화
④ 계층문화

43. 다음에서 설명하는 개념의 특징으로 옳지 않은 것은?

> 조직이 달성하려는 장래의 상태

① 다수의 조직목표 추구가 가능하다.
② 불변적 속성을 가진다.
③ 조직의 구성요소와 상호관계를 가진다.
④ 조직목표 간 위계적 상호관계가 있다

│44 ~ 45│ 다음의 말이 전부 참일 때 항상 참인 것을 고르시오.

44.

- 회사에 가장 일찍 출근하는 사람은 부지런하다.
- 여행을 갈 수 있는 사람은 명진이와 소희.
- 부지런한 사람은 특별 보너스를 받을 것이다.
- 특별 보너스를 받지 못하면 여행을 갈 수 없다.

① 회사에 가장 늦게 출근하는 사람은 게으르다.
② 특별 보너스를 받는 방법은 여러 가지이다.
③ 회사에 가장 일찍 출근하지 않으면 특별 보너스를 받을 수 없다.
④ 소희는 부지런하다.

45.

- 영수는 철수보다 키가 크다.
- 수현이는 지현이보다 키가 크다.
- 준희는 준수보다 키가 작다.
- 준희는 수현이와 키가 같다

① 영수는 준희와 키가 같다.
② 준수는 지현이보다 키가 크다.
③ 철수는 준희보다 키가 작다.
④ 준수와 수현이의 키는 비교할 수 없다.

46. 다음과 같은 상황을 맞은 영업팀 최 대리가 취할 수 있는 가장 적절한 행동은?

> 최 대리는 일요일을 맞아 오랜만에 가족들과 함께 가까운 교외로 나들이를 다녀오기로 하였다. 그러나 토요일 저녁 갑자기 베트남 지사로부터 전화가 걸려왔고, 월요일에 도착하기로 했던 바이어 일행 중 2명이 현지 사정상 일요일 오전 비행기로 입국하게 된다는 사실을 통보받게 되었다. 중요한 거래처 바이어인지라, 입국 후부터 모든 일정을 동행하며 불편함이 없도록 수행하기로 되어있던 최 대리는 매우 난감한 상황에 놓이게 되었고, 가족과의 약속과 바이어 일행의 입국 문제를 놓고 어찌해야 좋을지를 고민하게 되었다.

① 휴일인 만큼 계획대로 가족들과의 나들이를 다녀온다.
② 지사에 전화하여 일요일 입국은 불가하며 어떻게든 월요일에 입국해 줄 것을 다시 한 번 요청해 본다.
③ 가족들에게 미안함을 표하며 바이어 수행을 위해 나들이를 다음 기회로 미룬다.
④ 가족과의 약속을 지키기 위해 동료인 남 대리에게 일요일 바이어 수행을 부탁한다.

47. 자원관리능력이 필요한 이유와 가장 관련 있는 자원의 특성은?

① 가변성
② 유한성
③ 편재성
④ 상대성

48. 다음은 인사팀 직원 간의 대화이다. 직원 A ~ D 중 인력배치의 원칙과 유형에 대해 잘못 이해하고 있는 직원은?

A : 이번에 새로 들어온 신입사원 甲이 배치받은 부서에 잘 적응하지 못하고 있나봐.
B : 그래? 인력배치를 할 때 甲의 능력이나 성격에 가장 적합하다고 생각하는 부서에다 배치하는 게 원칙 아니었어?
A : 그렇지, 적재적소에 배치하는 것이 중요하잖아. 그런데 甲은 배치받은 부서에 흥미가 없는 것 같아.
C : 물론 甲의 적성이나 흥미에 따라 적성 배치를 할 수 있다면 좋겠지. 그렇지만 회사 입장에서는 업무량이 많은 부서에 더 많은 인원을 배치하려는 양적 배치도 고려할 수밖에 없어.
B : 모든 신입직원에 대한 균형적인 배치는 잘 지켜진 거지? 甲만 적재적소에 대한 고려에서 빠졌을 수도 있잖아. 그렇다면 그건 인력배치의 원칙에 어긋나.
D : 맞아, 그리고 능력을 발휘할 수 있는 기회를 부여하고 성과를 바르게 평가하여 능력과 실적에 따라 그에 상응하는 보상을 주는 보상주의도 중요해.

① A
② B
③ C
④ D

49. 기업의 예산집행실적을 작성하려고 할 때 이에 대한 설명으로 옳지 않은 것은?

① 예산편성항목과 항목별 배정액을 작성하고 해당 항목에 대한 당월의 사용실적, 누적 실적을 기록한다.
② 잔액은 배정액에서 누적실적을 뺀 차이로 적고, 사용률은 누적 실적/배정액에 100을 곱하여 작성한다.
③ 비고는 어떤 목적으로 사용했는지에 대한 정보를 기입한다.
④ 예산항목의 지출이 초과되어야 예산집행실적이 좋은 것이다.

50. 공공기관 민원실에서의 업무상 전화 응대법에 대한 다음 내용을 참고할 때, 상황에 따른 적절한 응대를 한 경우라고 볼 수 없는 것은?

전화 받기	• 벨소리가 3회 이상 울리기 전에 받으며, 늦게 받았을 경우 적절한 사과하기 • 소속과 이름 밝히기 • 상대방 확인과 용건 묻기 • 대화 내용을 재확인하고 필요사항은 반드시 메모해 두기 • 상대방 먼저 끊는 것을 확인 후 통화 완료하기
담당자 부재 중 전화 당겨 받기	• 담당자 대신 전화를 당겨 받았음을 우선 통보하기 • 담당자의 부재를 통보하고 통화 가능 시간 알려주기 • 대화 내용을 메모하고 책임 밖의 확답 금지 • 본인의 소속과 이름 밝히기
담당 부서를 잘못 찾은 전화 받기	• 친절함 유지하기 • 전화를 잘못 걸었음을 정중하게 통보하기 • 올바른 부서의 담당자와 연락처 알려주기 ※ 통화 대기 후 자동 연결 시에도 반드시 통보
전화 걸기	• 이름과 소속 밝히고 통화가 가능한 상황인지 먼저 문의하기 • 담당자가 부재중일 경우 복귀시간을 문의하고 메모 부탁하기 • 간결하고 명확하게 의사 전달하기
민원 전화 응대하기	• 민원인의 입장에서 통화하기 • 항의에 정중히 사과하고 어떠한 경우에도 민원인에 화내지 말기 • 민원인의 요구사항을 파악하여 긍정적인 해결방법 제시하기 • 본인의 권한 이외의 사항일 경우 책임자와 상의 후 회신 약속하기 • 이름과 소속 밝히기

① "전화 당겨 받았습니다. xx팀 xx입니다."
② "죄송합니다만 제가 말씀드릴 수 있는 사항이 아니니 잠시 기다려 주시면 확인 후 답변 드리겠습니다."
③ "전화를 잘못 거셨네요. 찾으시는 담당자에게 연결해 드릴 테니 잠시만 기다리세요."
④ "지금은 담당자가 자리를 비웠습니다. 10분 후 돌아올 것 같은데요, 연락처를 알려주시면 전화를 드리라고 하겠습니다. 저는 민원 2팀 xxx입니다."

부산시설공단 봉투모의고사 OMR카드

성명 / 성

생년월일일

서원각
www.goseowon.com

부산시설공단
공무직 채용대비

- 정답 및 해설 -

제1회 정답 및 해설

1 ①
제시문 ㉠의 의미는 일정한 표준, 수량, 정도 따위에 이르는 것을 의미한다.
②④ 일정한 장소에 다다랐음을 일컫는다.
③ 목적 따위를 이루는 것을 일컫는다.

2 ④
작자는 오래된 물건의 가치를 단순히 기능적 편리함 등의 실용적인 면에 두지 않고 그것을 사용해온 시간, 그 동안의 추억 등에 두고 있으며 그렇기 때문에 오래된 물건이 아름답다고 하였다.

3 ②
인간은 매체를 사용하여 타인과 소통하는데 그 매체는 음성 언어에서 문자로 발전했으며 책이나 신문, 라디오나 텔레비전, 영화, 인터넷 등으로 발전해 왔다. 매체의 변화는 사람들 간의 소통양식은 물론 문화 양식에까지 영향을 미친다. 현대에는 음성, 문자, 이미지, 영상, 음악 등이 결합된 매체 환경이 생기고 있다. 이 글에서는 텔레비전 드라마가 인터넷, 영화, 인쇄매체 등과 연결되어 복제되는 형상을 낳기도 하고 수용자의 욕망이 매체에 드러난다고 언급한다. 즉 디지털 매체 시대의 독자는 정보를 수용하기도 하지만 생산자가 될 수도 있음을 언급하고 있다고 볼 수 있다.

4 ③
빈칸 이후의 문장에서 단기 이익의 극대화가 장기 이익의 극대화와 상충될 때에는 단기 이익을 과감하게 포기하기도 한다고 제시되어 있으므로 ③이 가장 적절하다.

5 ②
수요와 공급 중 보다 탄력적인 쪽이 세금을 더 적게 부담한다.

6 ④
세 번째 문단에서 알 수 있듯이 세금을 구입자에게 부과할 경우 공급 곡선은 이동하지 않는다.

7 ④
공정한 보험에서는 보험료율과 사고 발생 확률이 같아야 하므로 A와 B에서의 보험료가 서로 같다면 A의 보험금이 2배이다. 따라서 A와 B에서의 보험금에 대한 기댓값은 서로 같다.
① A에서 보험료를 두 배로 높이면 보험금과 보험금에 대한 기댓값이 모두 두 배가 된다.
② B에서 보험금을 두 배로 높이면 보험료와 보험금에 대한 기댓값이 모두 두 배가 된다.
③ 공정한 보험에서는 보험료율과 사고 발생 확률이 같아야 하므로 A에 적용되는 보험료율과 B에 적용되는 보험료율은 서로 다르다.

8 ④
① 중대한 과실로 인해 알지 못한 경우에는 보험 가입자가 고지 의무를 위반했어도 보험사의 해지권은 배제되며 보험금은 돌려받을 수 없다.
② 이미 보험금을 지급했더라도 계약을 해지할 수 있고 보험금에 대한 반환을 청구할 수 있다.
③ 보험 가입자의 잘못보다 보험사의 잘못에 더 책임을 둔다.

정답 및 해설 제1회

9 ①
'완수'가 들어가서 의미를 해치지 않는 문장은 없다. 빈칸을 완성하는 가장 적절한 단어들은 다음과 같다.
㈎, ㈒ 대처
㈏, ㈐ 수행
㈑ 대비

10 ③
영희가 장갑을 이미 낀 상태인지, 장갑을 끼는 동작을 진행 중인지 의미가 확실치 않은 동사의 상적 속성에 의한 중의성의 사례가 된다.
① 수식어에 의한 중의성의 사례로, 길동이가 나이가 많은 것인지, 길동이와 을순이 모두가 나이가 많은 것인지가 확실치 않은 중의성을 포함하고 있다.
② 접속어에 의한 중의성의 사례로, '그 녀석'이 나와 함께 가서 아버지를 만난 건지, 나와 아버지를 각각 만난 건지, 나와 아버지 둘을 같이 만난 건지가 확실치 않은 중의성을 포함하고 있다.
④ 명사구 사이 동사에 의한 중의성의 사례로, 그녀가 친구들을 보고 싶어 하는 것인지 친구들이 그녀를 보고 싶어 하는 것인지가 확실치 않은 중의성을 포함하고 있다.

11 ①
화기 기술이 약한 일본이 네덜란드 상인들로부터 조총을 구입함으로써 전력상 우열관계가 역전되었다는 사실을 알 수 있다. 따라서 ㉠의 앞문단과 서로 반대됨을 나타내는 '그러나'가 적절하다. ㉡ 역시 일본은 화약무기 사용의 전통이 길지 않아 조총만을 사용한 '반면'에 조선은 화기 사용 전통이 오래되어 육전에서 소형화기가 조총의 성능을 압도하였음을 알 수 있다.

12 ②
조직 문화의 분류와 그 특징은 다음과 같은 표로 정리될 수 있다. ㈐와 같이 개인의 자율성을 추구하는 경우는 조직문화의 고유 기능과 거리가 멀다고 보아야 한다.

관계지향 문화	• 조직 내 가족적인 분위기의 창출과 유지에 가장 큰 역점을 둠 • 조직 구성원들의 소속감, 상호 신뢰, 인화·단결 및 팀워크, 참여 등이 이 문화유형의 핵심가치로 자리 잡음
혁신지향 문화	• 조직의 유연성을 강조하는 동시에 외부 환경에의 적응성에 초점을 둠 • 이러한 적응과 조직성장을 뒷받침할 수 있는 적절한 자원획득이 중요하고, 구성원들의 창의성 및 기업가정신이 핵심 가치로 강조됨
위계지향 문화	• 조직 내부의 안정적이고 지속적인 통합·조정을 바탕으로 조직효율성을 추구함 • 이를 위해 분명한 위계질서와 명령계통, 그리고 공식적인 절차와 규칙을 중시하는 문화임
과업지향 문화	• 조직의 성과 달성과 과업 수행에 있어서의 효율성을 강조함 • 명확한 조직목표의 설정을 강조하며, 합리적 목표 달성을 위한 수단으로서 구성원들의 전문능력을 중시하며, 구성원들 간의 경쟁을 주요 자극제로 활용함

13 ②
㉣에 의해 정희와 성우를 맞은편으로 고정시켜놓고 나머지 자리를 배치하면, ㉢㉤에 의해 준서와 진영이는 마주보고 있고, 명수와 미영이도 마주보게 된다.
① 미영이는 명수와 마주보고 있다.
② 진영이는 준서와 마주보고 있다.
③ 정희의 바로 옆에는 명수가 올 수 있다.
④ 성우의 바로 옆에는 준서가 올 수 있다.

14 ③
세 사람 중 한 사람만 사실을 말하고 있으므로 각각의 경우를 대입하여, 논리적 오류가 없는 것이 정답이 된다.
• 甲이 사실을 말하고 있는 경우 : 조건에 따라 乙과 丙은 거짓말이 되는데, 이는 甲이 먹은 사탕의 개수가 5개일 때만 논리적으로 성립이 가능하다.

- 乙이 사실을 말하고 있는 경우 : 조건에 따라 甲과 丙은 거짓말이 되는데, 乙이 사실일 경우 甲도 사실이 되므로 조건에 모순된다.
- 丙이 사실을 말하고 있는 경우 : 조건에 따라 甲과 乙은 거짓말이 되는데, 丙이 사실일 경우 甲도 사실이 되므로 조건에 모순된다.

따라서 甲이 사실을 말하고 있으면서 사탕을 5개 먹은 경우에만 전제 조건이 성립하므로, 정답은 ③이다

15 ①

글에는 정보의 기억 여부를 결정하는 기준에 대한 진술은 없고, 기억되는 장소에 대한 진술만 있다. ①에서 언급한 비서술 정보의 경우도 그 유형에 따라 기억되는 장소가 다름을 진술하는 것이지 기억 여부를 결정한다고 한 것은 아니다.

16 ①

목표를 달성하기 위해 노력하는 팀이라면 갈등은 항상 일어나게 마련이다. 갈등은 의견 차이가 생기기 때문에 발생하게 된다. 그러나 이러한 결과가 항상 부정적인 것만은 아니다. 갈등은 새로운 해결책을 만들어 주는 기회를 제공한다. 중요한 것은 갈등에 어떻게 반응하느냐 하는 것이다. 갈등이나 의견의 불일치는 불가피하며 본래부터 좋거나 나쁜 것이 아니라는 점을 인식하는 것이 중요하다. 또한 갈등 수준이 적정할 때는 조직 내부적으로 생동감이 넘치고 변화 지향적이며 문제해결 능력이 발휘되며, 그 결과 조직성과는 높아지고 갈등의 순기능이 작용한다.

17 ②

㉠ 충전시간당 통화시간은 A모델 6.8H > D모델 5.9H > B모델 4.8H > C모델 4.0H 순이다. 음악 재생시간은 D모델 > A모델 > C모델 > B모델 순으로 그 순위가 다르다. (X)

㉡ 충전시간당 통화시간이 5시간 이상인 것은 A모델 6.8H과 D모델 5.9H이다. (O)
㉢ 통화 1시간을 감소하여 음악 재생 30분의 증가 효과가 있다는 것은 음악 재생에 더 많은 배터리가 사용된다는 것을 의미하므로 A모델은 음악 재생에, C모델은 통화에 더 많은 배터리가 사용된다. (X)
㉣ B모델은 통화시간 1시간 감소 시 음악 재생시간 30분이 증가한다. 현행 12시간에서 10시간으로 통화시간을 2시간 감소시키면 음악 재생시간이 1시간 증가하여 15시간이 되므로 C모델과 동일하게 된다. (O)

18 ③

두 개의 제품 모두 무게가 42g 이하여야 하므로 B모델은 제외된다. K 씨는 충전시간이 짧고 통화시간이 길어야 한다는 조건만 제시되어 있으므로 나머지 세 모델 중 A모델이 가장 적절하다. 친구에게 선물할 제품은 통화시간이 16시간이어야 하므로 통화시간을 더 늘릴 수 없는 A모델은 제외되어야 한다. 나머지 C모델, D모델은 모두 음악 재생시간을 조절하여 통화시간을 16시간으로 늘릴 수 있으며 이때 음악 재생시간 감소는 C, D모델이 각각 8시간(통화시간 4시간 증가)과 6시간(통화시간 3시간 증가)이 된다. 따라서 두 모델의 음악재생 가능시간은 15 − 8 = 7시간, 18 − 6 = 12시간이 된다. 그런데 일주일 1회 충전하여 매일 1시간씩의 음악을 들을 수 있으면 된다고 하였으므로 7시간 이상의 음악 재생시간이 필요하지는 않으며, 7시간만 충족될 경우 고감도 스피커 제품이 더 낫다고 요청하고 있다. 따라서 D모델보다 C모델이 더 적절하다는 것을 알 수 있다.

19 ③

제1조에 을(乙)은 갑(甲)에게 계약금 → 중도금 → 잔금 순으로 지불하도록 규정되어 있다.
① 제1조에 중도금은 지불일이 정해져 있으나, 제5조에 '중도금 약정이 없는 경우'가 있을 수 있음이 명시되어 있다.

② 제4조에 명시되어 있다.
④ 제5조의 규정으로, 을(乙)이 갑(甲)에게 중도금을 지불하기 전까지는 을(乙), 갑(甲) 중 어느 일방이 본 계약을 해제할 수 있다. 단, 중도금 약정이 없는 경우에는 잔금 지불하기 전까지 계약을 해제할 수 있다.

20 ③

주어진 조건에 따라 선택지의 날짜에 해당하는 당직 근무표를 정리해 보면 다음과 같다.

구분	갑	을	병	정
A	2일, 14일		8일	
B		3일		9일
C	10일		4일	
D		11일		5일
E	6일		12일	
F		7일		13일

따라서 A와 갑이 2일 날 당직 근무를 섰다면 E와 병은 12일 날 당직 근무를 서게 된다.

21 ②

㉠ 소환된 다섯 명이 모두 가담한 것은 아니다.
㉡ 갑과 을은 문건 유출에 함께 가담하였거나 함께 가담하지 않았다.(갑=을)
㉢ 을이 가담했다면(을 O) 병이 가담했거나(병 O) 갑이 가감하지 않았다.(갑 ×)
㉣ 갑이 가담하지 않았다면(갑 ×) 정도 가담하지 않았다.(정 ×)
㉤ 정이 가담하지 않았다면(정 ×) 갑이 가담(갑 O)했고 병은 가담하지 않았다.(병 ×)
㉥ 갑이 가담하지 않았다면(갑 ×)무도 가담하지 않았다.(무 ×)
㉦ 무가 가담했다면(무 O) 병은 가담하지 않았다.(병 ×)

갑이 가담하지 않았다는 임의의 결과를 낼 경우 ㉣의 조건에 의해 정도 가담하지 않게 되는데 이는 ㉤에서 "정이 가담하지 않았다면 갑이 가담했고 ~"라는 조건이 맞지 않게 되므로 갑은 가담했다는 것을 알 수 있다.
갑이 가담했으므로 ㉡에서 "갑과 을은 문건 유출에 함께 가담하였거나 ~"라는 조건에 의해 을 역시 가담했다는 것을 알 수 있다.
다음으로 ㉢을 보면 "병이 가담했거나 갑이 가담하지 않았다."라는 조건에서 갑은 가담했다는 결과가 나왔으므로 병이 가담을 해야만 이 조건이 참이 되게 된다. 따라서 병 역시 가담했다는 것을 알 수 있다.
다음으로 ㉤에서 "정이 가담하지 않았다면 갑이 가담했고 병은 가담하지 않았다."라는 조건을 보면 갑과 병은 가담을 했다는 결과가 나왔으므로 정이 가담하지 않았다면 이 조건 역시 거짓이 되므로 정도 가담했다는 것을 알 수 있다.
마지막으로 위 조건들에서 갑, 을, 병, 정은 모두 가담을 했고 ㉠의 조건에서는 모두 가담한 것은 아니라 했으므로 무는 가담하지 않았음을 알 수 있다.

22 ③

㉡은 착한 사마리아인 법에 대한 정의를 이야기하고 있다. ㉣은 정의에 이어 법의 예시를 말하고 있으며, ㉠은 착한 사마리아인 법 규정에 대한 목적을 말하고 있다. ㉢ 착한 사마리아인 법 규정에 대한 문제 제기와 의견을 말하고 있다. 그러므로 ㉡→㉣→㉠→㉢이 가장 자연스럽다.

23 ④

㉡은 세균을 특성으로 구분하고 있다. ㉠에서는 앞서 언급된 장내 세균, 즉 대장균에 대해 설명하고 있다. ㉣에서는 ㉠에 이어 일정한 수를 유지하지 못할 경우 질병이 나타나는 것에 대해 이야기하고 있으며, ㉢에서는 앞서 언급한 특징 외의 부분을 설명하고 있다. 그러므로 ㉡→㉠→㉣→㉢이 가장 자연스럽다.

정답 및 해설 제1회

24 ③

첫 번째 유형은 타협형, 두 번째 유형은 통합형을 말한다. 갈등의 해결에 있어서 문제를 근본적·본질적으로 해결하는 것이 가장 좋다. 통합형 갈등해결 방법에서의 '윈윈(Win – Win) 관리법'은 서로가 원하는 바를 얻을 수 있기 때문에 성공적인 업무관계를 유지하는 데 매우 효과적이다.

25 ④

B팀은 팀워크가 좋은 팀, C팀은 응집력이 좋은 팀, A팀은 팀워크와 응집력 모두가 좋지 않은 팀이다. C팀과 같이 성과를 내지 못하고 있지만 팀의 분위기가 좋다면 이 것은 팀워크가 아니라 응집력이 좋다고 표현할 수 있다. 응집력은 사람들로 하여금 계속 그 집단에 머물게 하고, 집단의 멤버로서 남아있기를 희망하게 만드는 힘이다.

26 ①

위의 상황은 K 팀장이 L 팀원에게 코칭을 하고 있는 상황이다. 따라서 코칭을 할 때 주의해야 할 점으로 옳지 않은 것을 고르면 된다.
① 지나치게 많은 정보와 지시로 직원들을 압도해서는 안 된다.
※ 코칭을 할 때 주의해야 할 점
　㉠ 시간을 명확히 알린다.
　㉡ 목표를 확실히 밝힌다.
　㉢ 핵심적인 질문으로 효과를 높인다.
　㉣ 적극적으로 경청한다.
　㉤ 반응을 이해하고 인정한다.
　㉥ 직원 스스로 해결책을 찾도록 유도한다.
　㉦ 코칭과정을 반복한다.
　㉧ 인정할 만한 일은 확실히 인정한다.
　㉨ 결과에 대한 후속 작업에 집중한다.

27 ④

甲 팀장의 팀원들은 매일 과도한 업무로 인해 스트레스가 쌓인 상태이므로 잠시 일상에서 벗어나 새롭게 기분전환을 할 수 있도록 배려해야 한다. 그러기 위해서는 조용한 숲길을 걷는다든지, 약간의 수면을 취한다든지, 사우나를 하면서 몸을 푸는 것도 좋은 방법이 될 수 있다.

28 ④

기계적 구조	유기적 구조
• 높은 전문화	• 기능·계층횡단
• 명확한 명령, 엄격한 부서화, 높은 공식화	• 자유로운 정보흐름, 낮은 공식화
• 좁은 통제 범위	• 넓은 통제 범위
• 집권화	• 분권화

29 ①

애드호크라시란 다양한 분야의 전문가들이 주어진 문제를 해결하기 위해 프로젝트를 수행하는 임시적 조직구조를 말한다.

30 ③

〈보기〉에 주어진 조건대로 고정된 순서를 정리하면 다음과 같다.
• B 차장 > A 부장
• C 과장 > D 대리
• E 대리 > ? > ? > C 과장
따라서 E 대리 > ? > ? > C 과장 > D 대리의 순서가 성립되며, 이 상태에서 경우의 수를 따져보면 다음과 같다.
㉠ B 차장이 첫 번째인 경우라면, 세 번째와 네 번째는 A 부장과 F 사원(또는 F 사원과 A 부장)이 된다.
　• B 차장 > E 대리 > A 부장 > F 사원 > C 과장 > D 대리
　• B 차장 > E 대리 > F 사원 > A 부장 > C 과장 > D 대리
㉡ B 차장이 세 번째인 경우는 E 대리의 바로 다음인

경우와 C 과장의 바로 앞인 두 가지의 경우가 있을 수 있다.
- E 대리의 바로 다음인 경우 : F 사원 > E 대리 > B차장 > A 부장 > C 과장 > D 대리
- C 과장의 바로 앞인 경우 : E 대리 > F 사원 > B차장 > C 과장 > D 대리 > A 부장

따라서 위에서 정리된 바와 같이 가능한 네 가지의 경우에서 두 번째로 사회봉사활동을 갈 수 있는 사람은 E 대리와 F 사원 밖에 없다.

31 ②

"유럽에서의 한방 원료 등을 이용한 'Korean Therapy' 관심 증가"라는 기회를 이용하여 "아시아 외 시장에서의 존재감 미약"이라는 약점을 보완하는 WO전략에 해당한다.

32 ④

브레인스토밍이란 여러 사람이 한 가지의 문제를 놓고 아이디어를 비판 없이 제시하여 그중 최선책을 찾는 방법으로 아이디어가 많을수록 좋다.

33 ②

가족 소유의 상점은 조직규모를 기준으로 소규모 조직에 해당된다.

34 ④

인력수급계획 및 관리, 교육체계 수립 및 관리는 인사부에서 담당하는 업무의 일부이다.

35 ②

㉠ 사장직속으로는 3개 본부, 2개 실로 구성되어 있다.
㉡ 해외부사장은 2개의 본부를 이끌고 있다.
㉣ 노무처는 관리본부에, 재무처는 기획본부에 소속되어 있다.

36 ①

㉠ 위계를 강조하는 조직문화 하에서는 조직 내부의 안정적이고 지속적인 통합, 조정을 바탕으로 일사불란한 조직 운영의 효율성을 추구하게 되는 특징이 있다. 조직원 개개인의 능력과 개성을 존중하는 모습은 혁신과 관계를 지향하는 조직문화에서 찾아볼 수 있는 특징이다.

37 ②

일반적인 경우, 팀장과 팀원의 동반 출장 시의 출장 보고서는 팀원이 작성하여 담당 → 팀장의 결재 절차를 거치게 된다. 따라서 제시된 출장 보고서는 박 사원 단독 출장의 경우로 볼 수도 있고 박 사원과 강 팀장의 동반 출장의 경우로 볼 수도 있으므로 반드시 출장자에 강 팀장이 포함되어 있지 않다고 말할 수는 없다.

38 ①

비용이 집행되기 위해서는 비용을 쓰게 될 조직의 내부 결재를 거쳐 회사의 비용이 실제로 집행될 수 있는 회계팀(자금팀 등 비용 담당 조직)의 결재를 거쳐야 할 것이다. 퇴직금의 정산과 관련한 인사 문제는 인사팀에서 담당하고 있는 업무가 된다. 또한, 회사의 차량을 사용하기 위한 배차 관련 업무는 일반적으로 총무팀이나 업무지원팀, 관리팀 등의 조직에서 담당하는 업무이다. 따라서 회계팀, 인사팀, 총무팀의 순으로 업무 협조를 구해야 한다.

39 ③

도덕적 몰입은 비영리적 조직에서 찾아볼 수 있는 조직몰입 형태로 도덕적이며 규범적 동기에서 조직에 참가하는 것으로 조직몰입의 강도가 제일 높으며 가장 긍정적 조직으로의 지향을 나타낸다. 계산적 몰입은 조직과 구성원 간의 관계가 타산적이고 합리적일 때의 유형으로 몰입의 정도는 중간 정도를 보이게 되며, 몰입 방향은 긍정적 혹은 부정적 방향으로 나타날 수 있다. 이러한 몰입은 공적인 조직에서 찾아볼 수 있으며 단순한 참여와 근속만을 의미한다. 소외적 몰입은 주로 교도소, 포로수용소 등 착취적인 관계에서 볼 수 있는 것으로 조직과 구성원간의 관계가 부정적 상태인 몰입이다.

정답 및 해설 제1회

40 ③

차상위자가 전결권자가 되어야 하므로 이사장의 차상위자인 이사가 전결권자가 되어야 한다.

41 ③

㉠은 외부로부터 강요당한 근면, ㉡은 스스로 자진해서 하는 근면의 모습이며 이는 '근면의 동기'로 구분될 수 있는 종류이다. ㉠과 같은 근면은 수동적, 소극적인 반면, ㉡과 같은 근면은 능동적, 적극적이다.

42 ④

윗글은 문제해결과정 중 문제인식 단계에서 중요성에 대해 말하고 있다. 사례에서 A 공장장은 처음에 문제를 인식하지 못하다가 상황이 점점 악화되자 문제가 있다는 것을 알게 되었다. 만약 A 공장장이 초기에 문제 상황을 인식하였다면, 초기에 문제의 상황에 시기 적절하게 대처함으로써 비용과 시간의 소비를 최소화 할 수 있었을 것이다. 결국 문제인식은 해결해야 할 전체 문제를 파악하고, 문제에 대한 목표를 명확히 하는 활동임을 알 수 있다.

43 ④

출발지와 도착지는 경도가 다른 지역이므로 주어진 설명의 3번에 해당된다. 따라서 두 지점의 시차를 계산해 보면 (135+120)÷15=17시간이 된다.
또한, 인천이 로스앤젤레스보다 더 동쪽에 위치하므로 인천이 로스앤젤레스보다 17시간이 빠르게 된다. 다시 말해, 로스앤젤레스가 인천보다 17시간이 느리다. 따라서 최 과장이 도착지에 7월 10일 오전 11시까지 도착하기 위해서는 비행시간이 12시간이므로 도착지 시간 기준 늦어도 7월 9일 오후 11시에는 출발지에서의 탑승이 이루어져야 한다. 그러므로 7월 9일 오후 11시를 출발지 시간으로 환산하면, 7월 10일 오후 4시가 된다. 따라서 최 과장이 탑승할 수 있는 가장 늦은 항공편은 KR204임을 알 수 있다.

44 ④

- 갑 $= (145 \times 3) + (72 \times 4) = 435 + 288 = 723\$$
- 을 $= (170 \times 3 \times 0.8) + (72 \times 4 \times 1.2)$
  $= 408 + 345.6 = 753.6\$$
- 병 $= (110 \times 3) + (60 \times 5 \times 1.2) = 330 + 360$
  $= 690\$$
- 정 $= (100 \times 4 \times 0.8) + (45 \times 6) = 320 + 270$
  $= 590\$$
- 무 $= (75 \times 5) + (35 \times 6 \times 1.2) = 375 + 252 = 627\$$

순서대로 나열하면 을, 갑, 병, 무, 정

45 ①

제시된 내용은 예산과 비용에 대한 설명이다. 이와 관련된 자원관리능력은 예산관리능력이다.

46 ②

제시된 내용은 '공정 보상의 원칙'에 해당한다.
※ 합리적인 인사관리의 원칙
  ㉠ 적재적소 배치의 원리 : 해당 직무 수행에 가장 적합한 인재를 배치
  ㉡ 공정 보상의 원칙 : 근로자의 인권을 존중하고 공헌도에 따라 노동의 대가를 공정하게 지급
  ㉢ 공정 인사의 원칙 : 직무 배당, 승진, 상벌, 근무 성적의 평가, 임금 등을 공정하게 처리
  ㉣ 종업원 안정의 원칙 : 직장에서의 신분 보장, 계속해서 근무할 수 있다는 믿음으로 근로자의 안정된 회사 생활 보장
  ㉤ 창의력 계발의 원칙 : 근로자가 창의력을 발휘할 수 있도록 새로운 제안·건의 등의 기회를 마련하고 적절한 보상을 지급
  ㉥ 단결의 원칙 : 직장 내에서 구성원들이 소외감을 갖지 않도록 배려하고, 서로 협동·단결할 수 있도록 유지

정답 및 해설 제1회

47 ②

직무와 관련된 언론사 임직원에게 가액기준을 초과하는 선물을 제공하거나 제공의 약속 또는 의사표시를 한 경우 실제 언론사 임직원이 수수하였는지 여부와 상관없이 청탁금지법 위반이다.

① '선물'은 금전, 유가증권, 음식물 및 경조사비를 제외한 일체의 물품, 그 밖에 이에 준하는 것에 한정되며, 접대·향응에 해당하는 골프접대는 선물로 볼 수 없어 가액기준(5만 원) 이하라도 다른 예외사유가 없는 한 허용되지 않는다.
③ 사교·의례 등 목적으로 음식물과 선물을 함께 수수한 경우에는 그 가액을 합산하고 이 경우 가액범위는 함께 받은 음식물, 선물의 가액 범위 중 가장 높은 금액으로 하되, 각각의 가액범위[음식물 3만 원 이하, 선물 5만 원 이하(농수산물, 농수산가공품은 10만 원 이하)]를 넘지 못한다.
④ 가액기준을 초과하는 경조사비를 수수한 경우 가액기준을 초과하는 부분만 반환하면 제재대상에서 제외되나, 제공자는 제공한 경조사비 전액을 기준으로 제재된다.

48 ④

직접비용과 간접비용
㉠ 직접비용
• 주로 활동의 결과로서 생기는 비용
• 재료비, 원료와 장비, 시설비, 여행비 및 잡비, 인건비 등
㉡ 간접비용
• 직접 생산에 관여하지 않는 비용
• 보험료, 건물관리비, 광고비, 통신비, 사무비품비, 각종 공과금 등

49 ④

각 항목별 부여된 2개의 점수 중 고점을 적용한다고 하였으므로 이를 계산해 보면 다음과 같다.
A 직원 : 8 + 8 + 8 = 24
B 직원 : 9 + 9 + 7 = 25
C 직원 : 9 + 9 + 8 = 26
D 직원 : 7 + 7 + 8 = 22
E 직원 : 8 + 8 + 7 = 23
F 직원 : 8 + 8 + 9 = 25
따라서 가장 점수가 높은 C 직원은 승진이 되며, 다음으로 높은 B 직원과 F 직원 중 한 명이 추가로 승진자가 된다. 제시된 기준에 의하면 동점자일 경우, 팀장 부여 점수가 높은 직원이 승진자가 된다고 하였으나, B 직원과 F 직원은 모두 팀장의 부여 점수가 9, 8, 7점과 7, 8, 9점으로 동일하다. 따라서 마지막 기준을 적용하면, 팀장이 부여한 매출실적 점수에서 B 직원이 더 높으므로 결국 최종 승진자는 C 직원과 B 직원이 됨을 알 수 있다.

50 ①

주어진 조건으로 6월의 달력을 표시해 보면 다음과 같다.

일	월	화	수	목	금	토
			1	2	3	4
5	6	7	8	9	10	11
12	13	14	15	16	17	18
19	20	21	22	23	24	25
26	27	28	29	30		

따라서 정 과장이 연차를 사용할 수 있는 시기는 1 ~ 3일과 28 ~ 30일이 되어 화, 수, 목, 금요일은 연차휴가에 속할 수 있는 요일이 된다.

제2회 정답 및 해설

1 ③
㉠의 앞 문장에서 '군주제와 귀족제는 대의 제도에 부합하는…'라고 하고, ㉠의 뒤 문장에서 '민주제에서는 대의 제도가 실현되기 어렵다'라고 하여 앞, 뒤의 내용이 반대되는 내용이다. 따라서 ㉠은 '그러나'가 적절하다. ㉡의 앞 문장은 '통치자의 수가 적을수록 … 그 국가의 정부는 공화정에 접근할 수 있다'이고, ㉡의 뒤 문장에서 '점진적 개혁에 의해 공화정에 근접할 것으로 기대할 수도 있다'라고 하여 병렬적으로 문장이 구성되었다. 따라서 ㉡은 '그리고'가 적절하다.

2 ③
네 개의 문장에서 공통적으로 언급하고 있는 것은 환경문제임을 알 수 있다. 따라서 ㉡ 문장이 '문제 제기'를 한 것으로 볼 수 있다. ㉠은 ㉡에서 언급한 바를 더욱 발전시키며 논점을 전개해 나가고 있으며, ㉢에서는 논점을 '잘못된 환경문제의 해결 주체'라는 쪽으로 전환하여 결론을 위한 토대를 구성하며, ㉣에서 필자의 주장을 간결하게 매듭짓고 있다.

3 ③
'이제 더 이상 대중문화를 무시하고 엘리트 문화지향성을 가진 교육을 하기는 힘든 시기에 접어들었다.'가 이 글의 핵심문장이라고 볼 수 있다. 따라서 대중문화의 중요성에 대해 말하고 있는 ③이 정답이다.

4 ③
㈎에서 과학자가 설계의 문제점을 인식하고도 노력하지 않았기 때문에 결국 우주왕복선이 폭발하고 마는 결과를 가져왔다고 말하고 있다. ㈏에서는 자신이 개발한 물질의 위험성을 알리고 사회적 합의를 도출하는 데 협조해야 한다고 말하고 있다. 두 글을 종합해 보았을 때 공통적으로 말하고자 하는 바는 '과학자로서의 윤리적 책무를 다해야 한다'라는 것을 알 수 있다.

5 ③
'깨진 유리창의 법칙'은 깨진 유리창처럼 사소한 것들을 수리하지 않고 방치해두면, 나중에는 큰 범죄로 이어진다는 범죄 심리학 이론으로, 작은 일을 소홀히 관리하면 나중에는 큰일로 이어질 수 있음을 의미한다.

6 ④
전기차의 시장침투가 제약을 받게 되는 원인이 빈칸에 들어갈 가장 적절한 말이 될 것이며, 이것은 전후의 맥락으로 보아 기존의 내연기관차와의 비교를 통하여 파악되어야 할 것이다. 따라서 '단순히 전기차가 주관적으로 불편하다는 이유가 아닌 기존 내연기관차에 비해 더 불편한 점이 있을 경우'에 해당하는 말이 위치해야 한다.

7 ③
받을 연금과 내는 보험료의 비율이 누구나 일정하여 보험료 부담이 공평한 것은 적립방식이다. 부과방식은 현재 일하고 있는 사람들에게서 거둔 보험료를 은퇴자에게 사전에 정해진 금액만큼 연금을 지급하는 것으로, 노인 인구가 늘어날 경우 젊은 세대의 부담이 증가할 수 있다고 언급하고 있다.

정답 및 해설 제2회

8 ④

확정급여방식의 경우 나중에 얼마의 연금을 받을 지 미리 정해놓고 보험료를 납부하는 것으로 기금 운용 과정에서 발생하는 투자의 실패를 연금 관리자가 부담하게 된다. 따라서 투자 수익이 부실한 경우에도 가입자가 보험료를 추가로 납부해야 하는 문제는 발생하지 않는다.

9 ③

[A]에서 채소 중개상은 배추 가격이 선물 가격 이상으로 크게 뛰어오르면 많은 이익을 챙길 수 있다는 기대에서 농민이 우려하는 가격 변동에 따른 위험 부담을 대신 떠맡는 데 동의한 것이다. 즉, 선물 거래 당사자인 채소 중개상에게 가격 변동에 따른 위험 부담이 전가된 것이라고 할 수 있다.

10 ①

㉠과 ㉡ 모두 가격 변동의 폭에 따라 손익의 규모가 달라진다.

11 ④

㈎, ㈏, ㈐는 설화 속에서 다양한 성격으로 등장하는 호랑이 모습을 예를 들어 설명하고 있다.
① 분석
② 정의
③ 인과

12 ④

경수는 일반기업체에 정규직으로 입사한 지 1년 이상 되었으며 연 소득도 2,000만 원 이상이므로 '샐러리맨 우대대출' 상품이 적당하다.

13 ④

'유학생 또는 해외체재비 송금'을 목적으로 할 경우 건당 한도는 '5만 불'이다.

14 ④

경진은 비영업일(토요일)에 송금을 했으므로 송금액은 익영업일인 4월 11일 월요일 10시에 출금된다.

15 ④

회화에서 통일성을 잘 구현한 작가들의 작품에 대해서는 언급하고 있지 않다.
①은 1문단, ②는 2문단, ③은 3문단에서 확인할 수 있다.

16 ①

노마디즘의 진정한 의미에 대해 설명하고 있다. 따라서 ①이 가장 적절하다.

17 ④

보기 ④의 패스워드는 권장규칙에 어긋나는 패턴이 없으므로 가장 적절하다고 볼 수 있다.
① 숫자가 제일 앞이나 제일 뒤에 오며 연속되어 나타나는 패스워드이다.
② 영단어 'school'과 숫자 567890이 교차되어 나타나는 패턴의 패스워드이다.
③ 'BOOK'라는 흔한 영단어의 'O'를 숫자 '0'으로 바꾼 경우에 해당된다.

18 ③

주어진 관계를 C를 중심으로 정리하면, A는 엄마, D는 아빠, E는 친할머니, G는 친할아버지, B는 외조부모이지만 성별을 알 수 없다. 또한 F가 G의 친손녀라는 전제만으로는 F와 C가 남매인지 사촌지간인지 알 수 없다.

정답 및 해설 제2회

19 ④
1학년 5반의 어떤 학생은 책 읽는 것을 좋아하고, 책 읽는 것을 좋아하는 사람은 집중력이 높으므로 1학년 5반의 어떤 학생은 집중력이 높다는 결론은 반드시 참이 된다.

20 ①
갈등을 성공적으로 해결하기 위한 방안의 하나로, 내성적이거나 자신을 표현하는 데 서투른 팀원을 격려해주는 것이 중요하며, 이해된 부분을 검토하고 누가 옳고 그른지에 대해 논쟁하는 일은 피하는 것이 좋다.

21 ③
ⓒ 노동조합의 기능이 다양하게 확대됨에 따라 근로자의 경영참가를 자연스럽게 받아들일 수밖에 없는 사회 전반적인 분위기 확산도 경영참가제도의 발전 배경으로 볼 수 있다.
ⓑ 노사 양측의 조직규모는 지속적으로 거대화 되었으며, 이에 따른 사회적 책임이 증대되었고 노사관계가 국민경제에 미치는 영향이 커짐으로 인해 분쟁을 가능한 한 회피하고 평화적으로 해결하기 위한 필요성도 경영참가제도를 발전시킨 배경으로 볼 수 있다.

22 ②
물적 자원 활용 방해요인으로는 보관 장소를 파악하지 못하는 경우, 물품이 훼손된 경우, 물품을 분실한 경우로 나눌 수 있다. 위 설명은 훼손 및 파손된 경우에 대한 설명이다.

23 ①
윤리경영의 특징
㉠ 윤리경영은 경영활동의 옳고 그름에 대한 판단 기준이다.
㉡ 윤리경영은 경영활동의 규범을 제시해준다.
㉢ 윤리경영은 경영의사결정의 도덕적 가치기준이다.
㉣ 윤리경영은 응용윤리이다.

24 ①
조직체제 구성요소
㉠ 조직목표 : 조직이 달성하려는 장래의 상태로 조직이 존재하는 정당성과 합법성을 제공한다. 전체 조직의 성과, 자원, 시장, 인력개발, 혁신과 변화, 생산성에 대한 목표가 포함된다.
㉡ 조직구조 : 조직 내의 부문 사이에 형성된 관계로 조직목표를 달성하기 위한 조직구성원들의 상호작용을 보여준다. 조직구조는 결정권의 집중정도, 명령계통, 최고경영자의 통제, 규칙과 규제의 정도에 따라 달라지며 구성원들의 업무나 권한이 분명하게 정의된 기계적 조직과 의사결정권이 하부구성원들에게 많이 위임되고 업무가 고정적이지 않은 유기적 조직으로 구분될 수 있다. 조직의 구성은 조직도를 통해 쉽게 파악할 수 있는데, 이는 구성원들의 임무, 수행하는 과업, 일하는 장소 등을 파악하는 데 용이하다.
㉢ 조직문화 : 조직이 지속되게 되면서 조직구성원들 간에 공유되는 생활양식이나 가치로, 조직구성원들의 사고와 행동에 영향을 미치며 일체감과 정체성을 부여하고 조직이 안정적으로 유지되게 한다. 최근 조직문화에 대한 중요성이 부각되면서 긍정적인 방향으로 조성하기 위한 경영층의 노력이 이루어지고 있다.
㉣ 조직의 규칙과 규정 : 조직의 목표나 전략에 따라 수립되어 조직구성원들의 활동범위를 제약하고 일관성을 부여하는 기능을 하는 것으로 인사규정, 총무규정, 회계규정 등이 있다. 특히 조직이 구성원들의 행동을 관리하기 위하여 규칙이나 절차에 의존하고 있는 공식화 정도에 따라 조직의 구조가 결정되기도 한다.

정답 및 해설 제2회

25 ④

주문관리팀 이 사원의 부친상으로 인한 지출은 직원 경조사비로 결재서류는 기안서, 경조사비지출품의서이다.

26 ②

30만 원 이상의 출장계획서는 최고결재권자 또는 전결을 위임받은 본부장에게 결재를 받아야 하고, 30만 원 이상의 청구서는 사장의 결재를 받아야 한다.

27 ①

매트릭스 조직은 구성원이 원래의 종적 계열에 소속됨과 동시에 횡적 계열이나 프로젝트 팀의 일원으로서 임무를 수행하는 형태이므로 이중적인 명령 체계를 가진다.
② 시장의 새로운 변화에 유연하게 대처할 수 있다.
③ 기능적 조직과 프로젝트 조직을 결합한 형태이다.
④ 단일 제품을 생산하는 조직에는 적합하지 않다.

28 ②

제시문은 조직의 원리 중 '통솔범위의 원리'에 대한 내용이다.
① 계층제의 원리 : 조직 내의 권한과 책임, 의무의 정도에 따라 조직구성원들 간에 상하의 계층이나 등급을 설정하여 계층 간 상명하복 관계가 성립되도록 하는 것
③ 명령통일의 원리 : 조직의 각 구성원은 누구나 한 사람의 직속상관에게만 보고하고 또 그로부터 명령을 받아야 한다는 원칙
④ 조정의 원리 : 조직의 공동 목표를 달성하기 위해 하위 체계 사이의 노력을 통합하고 조정하는 원리

29 ②

'노사협력실'은 '안전혁신본부'에 속해 있다.

30 ③

본사 공통인 '소관분야 주요사업 시행계획'에 대해서는 고객홍보실장이 최종 결재권자이다.
① '월간 안전점검 계획수립 및 결과보고'의 최종 결재권자는 '처장'이다.
② 실장은 처장에 준한다고 하였으므로, 기획조정실 실장은 '직무분석 계획수립'과 '분야별 직무분석 실시' 건에 대해 결재하여야 한다.
④ 중장기 경영계획 제출에 대해서는 본사 공통이므로 안전혁신본부장은 '안전혁신분야 중장기 경영계획'에 관한 보고서에도 결재해야 한다.

31 ④

A : 콜센터를 포함하면 11개의 팀으로 구성되어 있다.

32 ④

제품의 생산 기술력이 공개되어 있고 특별한 노하우가 필요하지 않다는 점, 브랜드 이미지나 생산업체의 우수성 등이 중요한 마케팅 요소로 작용되지 않는다는 점 등으로 인해 기술적 차별화를 이루기 어려우며, 모든 대중들에게 계층 구분 없이 같은 제품이 보급되어 쓰이고 있는 소모품이라는 점 등으로 인해 일부 특정 시장을 겨냥한 집중화 전략이 적절하다고 볼 수 없다. 이 경우, 원자재 구매력 향상이나 유통 단계 효율화 등을 통한 원가우위 전략이 효과적이다.

33 ②

조직문화는 조직이 지속되면서 조직구성원들 간에 공유되는 생활양식이나 가치로, 조직구성원들의 사고와 행동에 영향을 미치며 일체감과 정체성을 부여하고 조직이 안정적으로 유지되게 한다.
① 조직의 규칙과 규정 : 조직의 목표나 전략에 따라 수립되어 조직구성원들의 활동범위를 제약하고 일관성을 부여하는 기능을 하는 것으로 인사규정, 총무규정, 회계규정 등이 있다.

정답 및 해설 제2회

③ 조직목표 : 조직이 달성하려는 장래의 상태로 조직이 존재하는 정당성과 합법성을 제공한다.
④ 조직구조 : 조직 내의 구성원들 사이에 형성된 관계로 조직목표를 달성하기 위한 조직구성원의 상호작용을 보여준다.

34 ②

제시된 그림의 조직구조는 기능적 조직구조의 형태를 갖는다. 환경이 안정적이거나 일상적인 기술, 조직의 내부 효율성을 중요시하며 기업의 규모가 작을 때에는 업무의 내용이 유사하고 관련성이 있는 것들을 결합해서 제시된 그림과 같이 '기능적 조직구조' 형태를 이룬다. 또한, 급변하는 환경변화에 효과적으로 대응하고 제품, 지역, 고객별 차이에 신속하게 적응하기 위해 분권화된 의사결정이 가능한 '사업별 조직구조' 형태를 이룰 필요가 있다. 사업별 조직구조는 개별 제품, 서비스, 제품그룹, 주요 프로젝트나 프로그램 등에 따라 조직화되며 제품에 따라 조직이 구성되고 각 사업별 구조 아래 생산, 판매, 회계 등의 역할이 이루어진다. 한편, 업무적 중요도나 경영의 방향 등의 요소를 배제하고 단순히 산하 조직 수의 많고 적음으로 해당 조직의 장의 권한이 결정된다고 볼 수 없다.

35 ①

인사노무처는 인력을 관리하고, 급여, 노사관리 등의 지원 업무가 주 활동이므로 지원본부, 자원기술처는 생산기술이나 자원 개발 등에 관한 기술적 노하우 등 자원 활용기술 업무가 주 활동이라고 판단할 수 있으므로 기술본부에 속하는 것이 가장 합리적인 조직 배치라고 할 수 있다.

36 ①

'갑' 기업의 상설 조직은 공식적, '을' 기업의 당구 동호회는 비공식적 집단이다. 공식적인 집단은 조직의 공식적인 목표를 추구하기 위해 조직에서 의도적으로 만든 집단이다. 따라서 공식적인 집단의 목표나 임무는 비교적 명확하게 규정되어 있으며, 여기에 참여하는 구성원들도 인위적으로 결정되는 경우가 많다.

37 ④

조직문화는 조직 내 집단 간 갈등에 영향을 미친다.

38 ②

임직원 행동지침에 나타난 내용을 통하여 조직의 업무를 파악할 줄 알아야 한다. 제시된 임직원 행동지침 3항에서는 외국 업체 선정을 위한 기술평가위원회 명단을 공개하는 것을 금지한다고 명시하고 있다. 이는 외부는 물론 내부적으로도 금지하는 것이 원칙으로, 내부에 공개할 경우 정보 누수 등을 통해 외부로 유출될 수 있기 때문이다.

39 ④

가격경쟁력을 확보하고자 하는 것은 원가우위 전략에서 실시하는 세부 전략 내용이다. 원가를 낮춰 더 많은 고객을 확보하는 것이 원가우위 전략의 기본 목표이므로 이러한 전략이 과도할 경우 매출만 신장될 뿐 수익구조가 오히려 악화될 우려가 있다.
한편, 차별화 전략은 여러 세분화된 시장을 표적 시장으로 삼아 이들 각각에 독특한 상품을 제공하고자 하는 전략으로 차별적 마케팅을 추진하기 위하여 많은 비용이 수반된다. 또한, 상품과 시장이 다양해져 그에 따른 관리 비용 역시 많아진다는 것이 가장 큰 단점이라고 할 수 있다.

40 ④

㉠ 경영목적, ㉡ 인적자원, ㉢ 마케팅, ㉣ 회계관리, ㉤ 자금, ㉥ 경영전략에 대한 설명이다. 조직 경영에 필요한 4대 요소는 경영목적, 인적자원, 자금, 경영전략이다.

정답 및 해설 제2회

41 ③

다음 달의 첫째 날이 금요일이므로 아래와 같은 달력을 그려 볼 수 있다. 3박4일 일정이므로 평일에 복귀해야 하며 주말이 모두 포함되는 일정을 피하기 위해서는 출발일이 일, 월, 화요
일이어야 한다. 또한 팀장 보고를 위해서는 금요일에 복귀하게 되는 화요일 출발 일정도 불가능하다. 따라서 일요일과 월요일에만 출발이 가능하다. 그런데 27일과 13일이 출장 일정에 포함될 수 없으므로 10, 11, 24, 25일은 제외된다. 따라서 3, 4, 17, 18일에 출발하는 4가지 일정이 가능하다.

일	월	화	수	목	금	토
					1	2
3	4	5	6	7	8	9
10	11	12	13	14	15	16
17	18	19	20	21	22	23
24	25	26	27	28	29	30

42 ②

유기적 조직 … 의사결정권한이 조직의 하부구성원들에게 많이 위임되어 있으며 업무 또한 고정되지 않고 공유 가능한 조직이다. 유기적 조직에서는 비공식적인 상호의사소통이 원활히 이루어지며, 규제나 통제의 정도가 낮아 변화에 따라 쉽게 변할 수 있는 특징을 가진다.

43 ④

브랜드 이미지를 관리하기 위한 조치로 적절한 것은 사실이지만, 제공된 자료에 의하면 브랜드 이미지에 대한 오해를 해소하거나 홍보를 위한 행동이 필요한 것이 아니라, 신뢰를 저버린 것이 크게 문제가 된다는 점을 알 수 있다.
① 기업은 투자자에게 투명한 정보를 제공하고, 투자자의 이윤 성취에 힘써야 할 의무가 있다. 따라서 투자자를 설득시킬 수 있는 경영 방침을 시행하는 것이 중요하다.

② 주어진 글을 통해 확인할 수 있는 내용이다.
③ 정보 통신의 발달이 공정성의 강조를 촉진시키고 있다는 내용뿐만 아니라, 주어진 글을 통해 주가가 폭락하는 등의 모습이 보여 성과와의 연관성을 설명하고 있다.

44 ③

제시된 글은 기획부의 업무에 해당한다.
※ 부서별 업무
- ㉠ 총무부 : 주주총회 및 이사회개최 관련 업무, 의전 및 비서업무, 집기비품 및 소모품의 구입과 관리, 사무실 임차 및 관리, 차량 및 통신시설의 운영, 국내외 출장 업무 협조, 복리후생 업무, 법률자문과 소송관리, 사내외 홍보 광고업무
- ㉡ 인사부 : 조직기구의 개편 및 조정, 업무분장 및 조정, 인력수급계획 및 관리, 직무 및 정원의 조정 종합, 노사관리, 평가관리, 상벌관리, 인사발령, 교육체계 수립 및 관리, 임금제도, 복리후생제도 및 지원업무, 복무관리, 퇴직관리
- ㉢ 기획부 : 경영계획 및 전략 수립, 전사기획업무 종합 및 조정, 중장기 사업계획의 종합 및 조정, 경영정보 조사 및 기획보고, 경영진단업무, 종합예산수립 및 실적관리, 단기사업계획 종합 및 조정, 사업계획, 손익추정, 실적관리 및 분석
- ㉣ 회계부 : 회계제도의 유지 및 관리, 재무상태 및 경영실적 보고, 결산 관련 업무, 재무제표 분석 및 보고, 법인세, 부가가치세, 국세 지방세 업무자문 및 지원, 보험가입 및 보상업무, 고정자산 관련 업무
- ㉤ 영업부 : 판매 계획, 판매예산의 편성, 시장조사, 광고 선전, 견적 및 계약, 제조지시서의 발행, 외상매출금의 청구 및 회수, 제품의 재고 조절, 거래처로부터의 불만처리, 제품의 애프터서비스, 판매원가 및 판매가격의 조사 검토

정답 및 해설 제2회

45 ②

기업의 내부고발에 대한 문제이다. 내부고발자는 자신의 업무에서 알게 된 조직 내 불법 행위나 위험한 활동에 우려를 제기하는 사람이다. 따라서 내부고발과 개인적인 불평불만은 구분돼야 하며 이 둘은 별도의 보고체계를 갖는 것이 중요하다. 일반적인 고충신고라인은 복리후생을 담당하는 인사부와 연결되며, 내부고발의 문제는 이보다 훨씬 중요한 사안이므로 근본적이고 독립적인 내부고발 시스템으로 다루어져야 할 문제이다.

46 ④

주어진 조건을 보면 관리과와 재무과에는 반드시 각각 5급이 1명씩 배정되고, 총무과에는 6급 2명이 배정된다. 인원수를 따져보면 홍보과에는 5급을 배정할 수 없기 때문에 6급이 2명 배정된다. 6급 4명 중에 C와 D는 총무과에 배정되므로 홍보과에 배정되는 사람은 E와 F이다. 각 과별로 배정되는 사람을 정리하면 다음과 같다.

관리과	A
홍보과	E, F
재무과	B
총무과	C, D

47 ④

자원관리 기본 과정 … 필요한 자원의 종류와 양 확인하기 → 이용 가능한 자원 수집하기 → 자원 활용 계획 세우기 → 계획대로 수행하기

48 ①

일반적으로 책임감이 없는 사람은 회사에서 불필요한 사람으로 인식을 받기 쉽고, 반대로 자기 일에 대한 사명감과 책임감이 투철한 사람은 여러 사람에게 도움을 많이 주므로 조직에서 꼭 필요한 사람으로 인식하는 경우가 많다. 따라서 책임감이 높은 사람은 자신의 일뿐만 아니라 동료들의 업무 수행에 있어서도 적극적으로 도움을 줄 수 있는지를 스스로 찾아낼 수 있는 특징이 있다.

49 ②

고객과의 대화 내용을 녹취하는 것은 고객에 대한 예절의 차원이 아닌 A기관의 업무수행을 위한 행위이다. 고객의 의견을 명확히 이해하기 위해서는 "~다는 말씀이시지요?" 또는 "~라고 이해하면 되겠습니까?" 등의 발언을 통하여 고객이 말하는 중요 부분을 반복하여 확인하는 것이 효과적인 방법이라고 할 수 있다.

50 ②

'원활한 직무수행 또는 사교·의례의 목적으로 제공될 경우에 한하여 제공되는 3만 원 이하의 음식물·편의 또는 5만 원 이하의 소액의 선물'이라고 명시되어 있으며, 부정한 이익을 목적으로 하는 경우는 3만 원 이하의 금액에 대해서도 처벌이 가능하다고 해석될 수 있다.
① 사적 거래로 인한 채무의 이행 등에 의하여 제공되는 금품은 '금품 등을 받는 행위의 제한' 사항의 예외로 규정되어 있다.
③ 공개적인 경우 문제의 소지가 현저히 줄어든다고 볼 수 있다.
④ 상조회로부터의 금품에 대한 한도액과 관련한 규정은 제시되어 있지 않다.

제3회 정답 및 해설

1 ①
사업 대상자 중 전자상거래사업자, 개인사업자 등에는 '지원자격 및 요건'에서 친환경농식품을 산지에서 직구매할 것을 조건으로 하고 있지 않다.
① 한국농수산식품유통공사에서 친환경농산물직거래지원자금을 지원받고자 하는 업체는 신청제한 된다는 점에서 알 수 있다.

2 ③
'결재(決裁)'는 결정할 권한이 있는 상관이 부하가 제출한 안건을 검토하여 허가하거나 승인함을 뜻하는 단어이다. 경제와 관련하여 '증권 또는 대금을 주고받아 매매 당사자 사이의 거래 관계를 끝맺는 일'을 뜻하는 단어로 '결제(決濟)'를 쓴다.

3 ④
세무서장이 발급한 자금출처 확인서는 해외이주비 총액이 10만 불을 초과할 때 필요한 서류다.

4 ①
경쟁은 둘 이상의 사람이 하나의 목표를 향해서 다른 사람보다 노력하는 것이며, 이때 경쟁의 전제가 되는 것은 합의에 의한 경쟁 규칙을 반드시 지켜야 한다는 점이므로 빈칸에는 '경쟁은 정해진 규칙을 꼭 지키는 가운데서 이루어져야 한다'는 내용이 올 수 있을 것이다. 농구나 축구, 그리고 마라톤 등의 운동 경기는 자신의 소속 팀을 위해서 또는 자기 자신을 위해서 다른 팀이나 타인과 경쟁하는 것이며, 스포츠맨십은 규칙의 준수와 관련이 있으므로 글에서 말하는 경쟁의 한 예로 적합하다.

5 ②
㉠ 사물은 이쪽에서 보면 모두가 저것, 저쪽에서 보면 모두가 이것이다. → ㉡ 그러므로 저것은 이것에서 생겨나고, 이것 또한 저것에서 비롯되는데 이것과 저것은 혜시가 말하는 방생의 설이다. → ㉣ 그러나 혜시도 말하듯이 '삶과 죽음', '된다와 안 된다', '옳다와 옳지 않다'처럼 상대적이다. → ㉢ 그래서 성인은 상대적인 방법이 아닌 절대적인 자연의 조명에 비추어 커다란 긍정에 의존한다.

6 ④
결원을 보충할 경우 예비합격자를 최종합격자로 선발할 수 있다.
① 모든 응시자는 기관 간, 전형 간, 직렬 간 중복지원이 불가하며 1인 1분야만 지원할 수 있다.
② 채용관련 인사 청탁 등 채용비리 또는 기타 부정합격 확인 시 채용이 취소될 수 있다.
③ 지원자가 채용예정인원 수와 같거나 미달하더라도 적격자가 없는 경우 선발하지 않을 수 있다.

7 ③
'역학조사'는 '감염병 등의 질병이 발생했을 때, 통계적 검정을 통해 질병의 발생 원인과 특성 등을 찾아내는 것'을 일컫는 말로, 한자로는 '疫學調査'로 쓴다.
① '다중'은 '多衆'으로 쓰며, '삼중 구조'의 '중'은 '重'으로 쓴다.
② '출연'과 '연극'의 '연'은 모두 '演'으로 쓴다.
④ '일 따위가 더디게 진행되거나 늦어짐'의 뜻을 가진 '지연'은 '遲延'으로 쓴다.

정답 및 해설 제3회

8 ④

첫 문단에서 GDP를 계산할 때는 총 생산물의 가치에서 중간생산물을 가치를 뺀다고 언급하고 있다.

9 ④

㉠ 뒤로 언급되는 '이때 GDP는 무역 손실에 따른 실질 소득의 감소를 제대로 반영하지 못하기 때문에 GNI가 필요한 것이다'라는 문장을 통해 알 수 있다.

10 ①

문맥으로 보아 전염률, 점유율, 질병률은 전혀 관계가 없다. 유병률과 발병률은 다른 의미이며, 이 차이를 구분하는 것이 문제 해결의 관건이 될 수 있다. 유병률은 전체 인구 중 특정한 장애나 질병 또는 심리 신체적 상태를 지니고 있는 사람들의 분율로서, 어느 시점 또는 어느 기간에 해당 장애나 질병, 심리 신체적 상태를 지니고 있는 사람의 수를 전체 인구 수로 나누어 계산한다. 유병률은 이전부터 해당 장애가 있었든 아니면 해당 장애가 새로 생겼든 간에 현재 그 장애를 앓고 있는 모든 사람을 뜻하는 반면, 발병률 또는 발생률(incidence rate 또는 incidence)은 일정 기간 동안에 모집단 내에서 특정 질병을 새롭게 지니게 된 사람의 분율을 뜻한다. 유병은 집단 내의 개체 간 차이를 반영하는 현상이라는 점에서 발생과 구별된다. 발생은 한 개체 내에서 일어난 특정 상태의 변화를 말한다.

11 ②

1천만 원 이상의 과태료가 내려지게 되면 공표조치의 대상이 되나, 모든 공표조치 대상자들이 과태료를 1천만 원 이상 납부해야 하는 것은 아니다. 예컨대, 최근 3년 내 시정조치 명령을 2회 이상 받은 경우에도 공표 대상에 해당되므로, 과태료 금액에 의한 공표 대상자 자동 포함 이외에도 공표 대상에 포함될 경우가 있게 되어 반드시 1천만 원 이상의 과태료가 공표 대상자에게 부과된다고 볼 수는 없다.

① 제시글의 마지막 부분에서 언급하였듯이 개인정보 보호위원회 심의·의결을 거쳐야 하므로 행정안전부 장관의 결정이 최종적인 것이라고 단언할 수는 없다.
③ 과태료 또는 과징금 처분 시에 공표 사실을 대상자에게 사전 통보한다.
④ 7가지 공표기준의 5번째와 6번째 내용은 반복적이거나 지속적인 위반 행위에 대한 제재를 의미한다고 볼 수 있다.

12 ③

대화 속의 甲과 乙은 디지털 글쓰기의 장점과 단점에 대해 이야기하고 있다. 따라서 두 사람이 제출했을 토론 주제로는 '디지털 글쓰기의 장단점'이 적합하다.

13 ③

해당 영상물의 제작 의도는 탈춤에 무관심한 젊은 세대를 대상으로 하여 우리 고유의 문화유산인 탈춤에 대한 관심을 불러일으키기 위한 것이다. 따라서 탈춤에 대한 학술적 이견들을 깊이 있게 제시하는 것은 제작 의도와 맞지 않는다.

14 ④

반려동물을 데리고 승강기에 탑승할 경우 반드시 안고 탑승해야 하며, 타인에게 공포감을 주지 말아야 한다는 규정은 있으나, 승강기 이용이 제한되거나 반드시 계단을 이용해야만 하는 것은 아니므로 잘못된 안내 사항이다.

15 ③

①④ 주차대행 서비스는 유료이다.
② 장애인 차량은 장애인증 확인 후 일반 주차 요금의 50%가 할인 된다.

정답 및 해설 제3회

16 ①

Fast Track 이용 가능한 교통약자는 보행장애인, 7세 미만 유소아, 80세 이상 고령자, 임산부, 동반여객 2인이다.

17 ②

지문 및 얼굴 정보 제공은 17세 이상의 외국인에 해당한다.

18 ②

갈등해결 방법
㉠ 다른 사람들의 입장을 이해한다.
㉡ 사람들이 당황하는 모습을 자세하게 살핀다.
㉢ 어려운 문제는 피하지 말고 맞선다.
㉣ 자신의 의견을 명확하게 밝히고 지속적으로 강화한다.
㉤ 사람들과 눈을 자주 마주친다.
㉥ 마음을 열어놓고 적극적으로 경청한다.
㉦ 타협하려 애쓴다.
㉧ 어느 한쪽으로 치우치지 않는다.
㉨ 논쟁하고 싶은 유혹을 떨쳐낸다.
㉩ 존중하는 자세로 사람들을 대한다.

19 ④

갑과 을의 전기요금을 다음과 같이 계산할 수 있다.
〈갑〉
기본요금 : 1,800원
전력량 요금 : (200 × 90) + (100 × 180) = 18,000 + 18,000 = 36,000원
200kWh를 초과하였으므로 필수사용량 보장공제 해당 없음
전기요금 : 1,800 + 36,000 = 37,800원

20 ②

동계와 하계에 1,000kWh가 넘는 전력을 사용하면 슈퍼유저에 해당되어 적용되는 1,000kWh 초과 전력량 요금 단가가 2배 이상으로 증가하게 되나, 기본요금에는 해당되지 않는다.
① 기본요금과 전력량 요금 모두 고압 요금이 저압 요금보다 저렴한 기준이 적용된다.
③ 기본요금 900원과 전력량 요금 270원을 합하여 1,170원이 되며, 필수사용량 보장공제 적용 후에도 최저요금인 1,000원이 발생하게 된다.
④ 200kWh 단위로 요금 체계가 바뀌게 되므로 200kWh 씩 나누어 관리하는 것이 전기요금을 절감할 수 있는 방법이다.

21 ③

3문단에서 신대륙 건설 의지는 헨리 7세 국왕 때며, 17세기 들어 본격적인 영토 확장에 나섰음을 알 수 있다.

22 ①

협상과정 … 협상 시작 → 상호 이해 → 실질 이해 → 해결 대안 → 합의 문서

23 ④

최 사장은 공장장 교체 요구를 철회시켜 자신에게 믿음을 보여 준 직원을 계속 유지시킬 수 있었고, 노조 측은 처우 개선과 임금 인상 요구를 관철시켰으므로 'Win – Win'하였다고 볼 수 있다. 통합형은 협력형(Collaborating)이라고도 하는데, 자신은 물론 상대방에 대한 관심이 모두 높은 경우로서 '나도 이기고 너도 이기는 방법(Win – Win)'을 말한다. 이 방법은 문제해결을 위하여 서로 간에 정보를 교환하면서 모두의 목표를 달성할 수 있는 해법을 찾는다. 아울러 서로의 차이를 인정하고 배려하는 신뢰감과 공개적인 대화를 필요로 한다. 통합형이 가장 바람직한 갈등해결 유형이라 할 수 있다.

정답 및 해설 제3회

24 ③

㈐ 과정과 방법이 아닌 결과에 초점을 맞추어야 한다.
㈑ 개인의 강점과 능력을 최대한 활용하여야 한다.
㈒ 팀원 간에 리더십 역할을 공유하며 리더로서의 능력을 발휘할 기회를 제공하여야 한다.
㈘ 직접적이고 솔직한 대화, 조언 등을 통해 개방적인 의사소통을 하며 상대방의 아이디어를 적극 활용하여야 한다.

※ 효과적인 팀의 핵심적인 특징
㉠ 팀의 사명과 목표를 명확하게 기술한다.
㉡ 창조적으로 운영된다.
㉢ 결과에 초점을 맞춘다.
㉣ 역할과 책임을 명료화시킨다.
㉤ 조직화가 잘 되어 있다.
㉥ 개인의 강점을 활용한다.
㉦ 리더십 역량을 공유하며 구성원 상호 간에 지원을 아끼지 않는다.
㉧ 팀 풍토를 발전시킨다.
㉨ 의견의 불일치를 건설적으로 해결한다.
㉩ 개방적으로 의사소통한다.
㉪ 객관적인 결정을 내린다.
㉫ 팀 자체의 효과성을 평가한다.

25 ④

대결 국면에서의 핵심 사항은 상대방의 입장에 대한 무비판적인 부정이며, 격화 국면에서는 설득이 전혀 효과를 발휘할 수 없게 된다. 진정 국면으로 접어들어 비로소 협상이라는 대화가 시작되며 험난한 단계를 거쳐 온 갈등은 이때부터 서서히 해결의 실마리가 찾아지게 된다.

26 ③

조직기구의 업무분장 및 조절 등에 관한 사항은 인사부에서 관리한다.

27 ④

업무지시문에 첨부된 업무협조전 양식을 사용하여야 한다.

28 ①

공식화의 수준이 높을수록 조직구성원들의 재량은 감소한다.

29 ③

15일 미만의 경력은 산입되지 않으므로 14일을 제외한 4년만이 경력평정에 들어간다. 따라서 기본경력 3년, 초과경력 1년으로 경력평정을 계산하면 $0.5 \times 36 + 0.4 \times 12 = 22.8$점이 된다.
① 과장 직급으로 3년간 근무한 것에 정부 포상을 계산하면 $0.5 \times 36 + 3 = 21$점이다.
② 주임 직급 시 있었던 정직기간과 포상 내역은 모두 대리 직급의 경력평정에 포함되지 않으므로 대리 2년의 근무만 적용되어 $0.5 \times 24 = 12$점이다.
④ 경력평정 점수가 30점 만점인 것은 '평가에 의한' 것이며, 자격증 취득의 경우 '가산점'이 부여되므로 30점을 넘을 수 있다.

30 ④

맥킨지 7S모델은 공유가치(Shared Value), 전략(Strategy), 조직구조(Structure), 시스템(System), 구성원(Staff), 스킬(Skill), 스타일(Style) 이라는 영문자 S로 시작하는 7개 요소로 구성된다.

31 ④

부사장 직속은 4개의 본부와 1개의 부문으로 구성되어 있다.

정답 및 해설 제3회

32 ②

차별화 전략은 조직이 생산품이나 서비스를 차별화하여 고객에게 가치가 있고 독특하게 인식되도록 하는 전략이다. 차별화 전략을 활용하기 위해 연구개발이나 광고를 통해 기술, 품질, 서비스, 브랜드 이미지를 개선할 필요가 있다.

33 ④

송상현 사원의 1/4분기 복지 지원 사유는 장모상이었다. 이는 본인/가족의 경조사에 포함되므로 경조사 지원에 포함되어야 한다.

34 ②

㉠ 제외되는 4가지 조건(조건 2에 위배)
 • 모자 : 노란색, 목도리 : 노란색, 장갑 : 노란색
 • 모자 : 노란색, 목도리 : 빨간색, 장갑 : 노란색
 • 모자 : 빨간색, 목도리 : 노란색, 장갑 : 빨간색
 • 모자 : 빨간색, 목도리 : 빨간색, 장갑 : 빨간색
㉡ 찾을 수 있는 4가지 조건
 • 모자 : 노란색, 목도리 : 노란색, 장갑 : 빨간색 … ⓐ
 • 모자 : 빨간색, 목도리 : 노란색, 장갑 : 노란색 … ⓑ
 • 모자 : 노란색, 목도리 : 빨간색, 장갑 : 빨간색 … ⓒ
 • 모자 : 빨간색, 목도리 : 빨간색, 장갑 : 노란색 … ⓓ
㉢ 총인원은 14명이므로 ⓐ + ⓑ + ⓒ + ⓓ = 14명
 • 조건1에 따라 ⓐ + ⓑ = 9
 • 조건3에 따라 ⓑ + ⓒ = 8
 • 조건4에 따라 ⓑ + ⓓ = 7
∴ 장갑만 빨간 사람은 총 4명이 된다.

35 ①

신혜의 예측이 거짓이라면 태호의 예측도 거짓이 되므로 신혜와 태호의 예측은 참이고, 신혜의 예측이 틀렸다고 말한 수란의 예측만 거짓이 된다. 수란의 예측을 제외한 다른 사람들의 예측을 표로 나타내면 다음과 같다.

구분	기중	태호	신혜	수란	찬호
참/거짓	참	참	참	거짓	참
담임	X	2반	4반	1반	3반

36 ③

시간관리의 유형
㉠ 시간 창조형(24시간형 인간) : 긍정적이며 에너지가 넘치고 빈틈없는 시간계획을 통해 비전과 목표 및 행동을 실천하는 사람
㉡ 시간 절약형(16시간형 인간) : 8시간 회사 업무 이외에도 8시간을 효율적으로 활용하고 8시간을 자는 사람. 정신없이 바쁘게 살아가는 사람
㉢ 시간 소비형(8시간형 인간) : 8시간 일하고 16시간을 제대로 활용하지 못하며 빈둥대면서 살아가는 사람. 시간은 많은데도 불구하고 마음은 쫓겨 항상 바쁜 척하고 허둥대는 사람
㉣ 시간 파괴형(0시간형 인간) : 주어진 시간을 제대로 활용하기는커녕 시간관념이 없이 자신의 시간은 물론 남의 시간마저 죽이는 사람

37 ③

조직 내 집단은 공식적인 집단과 비공식적인 집단으로 구분할 수 있다. 공식적인 집단은 조직의 공식적인 목표를 추구하기 위해 조직에서 의도적으로 만든 집단이다. '반면'에, 비공식적인 집단은 조직구성원들의 요구에 따라 자발적으로 형성된 집단이다. 이는 공식적인 업무수행 이외에 다양한 요구들에 의해 이루어진다.

38 ①

조직문화의 7가지 구성요소는 공유가치, 리더십 스타일, 구조, 관리 기술, 전략, 제도 및 절차, 구성원이며 예산은 조직문화 구성요소에 포함되지 않는다.
② 이 밖에도 조직문화는 구성원의 몰입도를 향상시키고 조직의 안정성을 유지시켜 주는 기능도 포함한다.
③ 관리적 조직문화, 과업지향적 조직문화 등과 함께 관계지향적 조직문화, 유연한 조직문화 등이 있다.

39 ②

'결재권자는 업무의 내용에 따라 이를 위임하여 전결하게 할 수 있다'고 규정되어 있으나, 동시에 '이에 대한 세부사항은 따로 규정으로 정한다.'고 명시되어 있다. 따라서 여건에 따라 상황에 맞는 전결권자를 지정한다는 것은 규정에 부합하는 행위로 볼 수 없다.

40 ③

결재 문서가 아니라도 처리과의 장이 중요하다고 인정하는 문서는 문서등록대장에 등록되어야 한다고 규정하고 있으므로 신 과장의 지침은 적절하다고 할 수 있다.
① 같은 날짜에 결재된 문서인 경우 조직 내부 원칙에 의해 문서별 우선순위 번호를 부여해야 한다.
② 중요성 여부와 관계없이 내부 결재 문서에는 모두 '내부결재' 표시를 하도록 규정하고 있다.
④ 보고서에는 별도의 보존기간 기재란이 없으므로 문서의 표지 왼쪽 위의 여백에 기재란을 마련하라고 규정되어 있으나, 기안 문서에는 문서 양식 자체에 보존기간을 기재하는 것이 일반적이므로 D 사원의 판단은 옳지 않다.

41 ②

△△공단에서 자판기의 최적 설치량은 5개이며 이때 전 직원이 누리는 총 만족감은 330만 원이다.

42 ③

① 관계지향적인 문화이며, 조직구성원 간 인간애 또는 인간미를 중시하는 문화로서 조직내부의 통합과 유연한 인간관계를 강조한다. 따라서 조직구성원 간 인화단결, 협동, 팀워크, 공유가치, 사기, 의사결정과정에 참여 등을 중요시하며, 개인의 능력개발에 대한 관심이 높고 조직구성원에 대한 인간적 배려와 가족적인 분위기를 만들어내는 특징을 가진다.

② 높은 유연성과 개성을 강조하며 외부환경에 대한 변화지향성과 신축적 대응성을 기반으로 조직구성원의 도전의식, 모험성, 창의성, 혁신성, 자원획득 등을 중시하며 조직의 성장과 발전에 관심이 높은 조직문화를 의미한다. 따라서 조직구성원의 업무수행에 대한 자율성과 자유재량권 부여 여부가 핵심 요인이다.

④ 조직내부의 통합과 안정성을 확보하고 현상유지차원에서 계층화되고 서열화된 조직구조를 중요시하는 조직문화이다. 즉, 위계질서에 의한 명령과 통제, 업무처리 시 규칙과 법을 준수하고, 관행과 안정, 문서와 형식, 보고와 정보관리, 명확한 책임소재 등을 강조하는 관리적 문화의 특징을 나타내고 있다.

43 ②

제시된 내용은 조직목표에 해당한다.
※ 조직목표의 특징
  ㉠ 공식적 목표와 실제적 목표가 다를 수 있다.
  ㉡ 다수의 조직목표 추구가 가능하다.
  ㉢ 조직목표 간 위계적 상호관계가 있다.
  ㉣ 가변적 속성을 가진다.
  ㉤ 조직의 구성요소와 상호관계를 가진다.

44 ②

먼저, 회사에 가장 일찍 출근하는 사람은 부지런한 사람이고 부지런한 사람은 특별 보너스를 받을 것이다. 그리고 여행을 갈 수 있는 사람은 특별 보너스를 받은 사람이다. 그런데 여행을 갈 수 있는 사람이 명진이와 소희 두 명이므로, 회사에 가장 일찍 출근하는 것 말고 특별 보너스를 받을 수 있는 방법이 또 있다는 것을 알 수 있다.

정답 및 해설 제3회

45 ②
영수와 철수는 둘 사이만 비교가 가능하며, 다른 이들과 비교할 수 없다. 간략하게 나타내면 다음과 같다.
㉠ 첫 번째 조건에 의해 : 영수 > 철수
㉡ 나머지 조건에 의해 : 준수 > 준희 = 수현 > 지현

46 ③
직업윤리와 개인윤리가 충돌하는 상황이며, 이러한 경우 직업윤리를 우선시하는 것이 바람직하다. 선택지 ④의 경우는 책임감 있는 태도라고 볼 수 없다.

47 ②
자원의 적절한 관리가 필요한 이유는 자원의 유한성 때문이다.

48 ④
D가 말하고 있는 것은 능력주의에 해당한다. 인력배치의 원칙으로는 적재적소주의, 능력주의, 균형주의가 있다.

49 ④
예산집행실적은 예산계획에 차질이 없도록 집행하기 위해서 작성하는 것으로 예산항목의 지출이 초과되어 곤란함을 겪게 되는 것을 방지할 수 있다.

50 ③
흔히 범할 수 있는 전화 응대의 실수 사례로 볼 수 있다. 전화를 다른 사람에게 돌려줄 경우, 종종 끊기는 경우가 발생하게 되며 이 때 전화를 건 사람은 똑같은 전화를 다시 반복해야 하는 불편함을 겪게 된다. 따라서 전화를 돌려주기 전에 끊길 경우를 대비하여 올바른 전화번호를 미리 고지해 주어야 한다.
① 전화를 받고 먼저 이름과 소속 등을 밝히고 있다.
② 자신의 업무 밖의 일인 경우, 확인 후 전화를 건 사람에게 답을 제시하겠다는 태도이므로 적절한 응대법이 된다.
④ 담당자 부재중에 전화를 대신 받은 경우로 담당자가 돌아오는 시간을 고지하였으며 연락처를 문의하였고, 자신의 소속과 이름을 밝힌 적절한 응대법이 된다.

서 원 각
www.goseowon.com